之法

梁光耀 著

書　　名 思考之法

作　　者 梁光耀

繪　　圖 梁光耀

責任編輯 林苑鶯

美術編輯 楊曉林

出　　版 天地圖書有限公司
香港皇后大道東109-115號
智群商業中心15字樓（總寫字樓）
電話：2528 3671 傳真：2865 2609

香港灣仔莊士敦道30號地庫／1樓（門市部）
電話：2865 0708 傳真：2861 1541

印　　刷 亨泰印刷有限公司
香港柴灣利眾街德景工業大廈10字樓
電話：2896 3687 傳真：2558 1902

發　　行 香港聯合書刊物流有限公司
香港新界大埔汀麗路36號中華商務印刷大廈3字樓
電話：2150 2100 傳真：2407 3062

出版日期 2020年2月 初版・香港

ISBN：978-988-8548-48-4

前言

如何思考比思考甚麼更為重要。

——歌德

亞里士多德說：「人是理性的動物。」換言之，人和其他動物的主要分別在於理性，而最能表現理性的就是思考，思考使人遠離動物性。

思考主要分為批判思考和創意思考，而人類的發展和進步正繫於批判和創造兩者。本書分為六章，前四章對應批判思考，第五章對應創意思考，最後一章則涉及積極思考，積極思考的重要性在於為人生提供動力。

梁光耀

2019 年 12 月書於澳門

目錄

思考

思考有兩個重點，一個是思考清晰，另一個是推論正確。思考清晰是首要的，因為如果連推論內容都不清楚的話，那就不能判斷推論是否正確。

思考清晰的重要性十分明顯，卻常被人忽略，碰到問題時，我們往往急於回答，沒有先釐清問題的意思。例如，身為老師的我每次改卷的時候，總會發現有學生沒有先弄清楚問題的意思就作答，結果雖然寫下長長的答案，但嚴格來說，連一分都沒有（不過通常我都會給予「同情分」）。又例如，很多時跟朋友爭論問題，最後才發現原因是大家對關鍵字眼有不同的理解，這就是所謂「字義之爭」。由此可見，我們應先釐清問題或論題的意思，然後才可以作進一步的處理，否則就會浪費時間。在思方學上，這叫做「語理分析」的思考進路。[1]

舉個例子，在某些具爭議性的社會事件中，常有人表示其主張「合乎民意」，但所謂「合乎民意」究竟是甚麼意思呢？這卻鮮有人清楚說明。正確的做法是先釐清其意思，然後判斷是否事實，最後是評價這種做法或主張是否恰當。有時我們會發現，經釐清之後，某些看似深奧或深刻的問題，可能根本就不是問題！

---

1 語理分析乃李天命先生從分析哲學提煉出來的精華，在方法學上給予一個明確的位置，成為思考方法的起點，見李天命著《語理分析的思考方法》後記。

「合乎民意」有甚麼可能的意思？

語理分析的工作除了釐清關鍵的概念之外，還包括界定問題、澄清判斷和論證、批判語害等。思考清晰並不容易做到，要學習方法，也像運動一樣，需要不斷練習。有時我們心中有些想法很難表達出來，但思考一段時間，或者跟別人討論過後，就能比較清晰地表達出來。思考清晰還有一個好處，就是如果我們的想法有錯誤的話，也容易顯示出來。說話含糊不清，有可能是思考能力的問題，又或者想藉此蒙混過關，避開責難。

有沒有政府官員使用含糊不清的說法迴避問題呢？有的話，怎樣呢？

有些我們經常使用的語詞，其實很多人都不大清楚它們的意思，現就以「矛盾」為例，釐清一下其意義。「矛盾」這個詞有兩種用法，一個是用來形容語句的性質，具有「A 並且非 A」這種形式的語句稱為「矛盾句」，必然為假，例如：

我是中國人並且我不是中國人。

「矛盾」的另一個用法就是形容兩句話的關係，當兩句話不能同時為真，又不能同時為假時，它們的關係就是互相矛盾，例如：

1. 在這班房中，所有學生是香港人。
2. 在這班房中，有學生不是香港人。

這兩句話任何一句為真，另一句就一定是假的。

我上課時經常做這個小實驗，就是問學生以下這兩句話是否互相矛盾，結果大部份學生都回答是。

1. 在這班房中，所有學生是香港人。
2. 在這班房中，沒有學生是香港人。

但事實上，這兩句話並非互相矛盾，雖然它們不可以同時為真，卻可同時為假，這種關係稱為互相對立。

以下這兩句話也是互相對立的。

1. 今天是星期一。

2. 昨天是星期六。

互相對立或互相矛盾都是不一致，即那兩句話不可同時為真，可能由於兩者有相同之處，使我們容易混淆「矛盾」和「對立」，不只帶來思想混亂，也會導致不當的後果，例如雙方本來只是對立關係，卻誤以為是矛盾關係，那麼只要認定對方是錯誤的話，就會堅持自己一定正確，其實也有可能雙方都是錯誤的。

「我的矛可刺穿所有的盾」和「我的盾可擋住所有的矛」這兩句話是否互相矛盾呢？

1. 語言與意義

我們由出生開始就學習語言，用語言來思考和溝通，透過語言來學習其他知識，好像是十分熟悉語言，但其實我們並不十分了解語言的性質。很多人以為，語句的作用在於描述世界的事物，例如「我今天吃了西瓜」這句話就是用來描述某種事態，而語詞的意義則在於指涉事物，例如「西瓜」這個詞的意義就是代表某種東西；那麼，如果兩個字詞所指的東西是一樣的話，它們的意義就一定相同，但其實並不一定，就以「官僚」和「公僕」這兩個字詞為例，指涉的對象雖然相同，都是公務員，但所表達的意義卻明顯不同，前者有貶義，後者則有褒義。

「三角形」和「三邊形」所表達的意思相同嗎？

其實語句的作用不一定是描述事物，也可以用來提出問題、抒發情感、下達命令等等。語言有着不同的意義或用法，有些具真假可言，即有認知意義，例如描述句；有些雖沒有真假可言，但也有非認知的意義，例如抒情句。語言就好像不同的遊戲，有着不同的規則，同一個字詞，在不同的語境會有不同的意思或用法；同一句話，也可以兼有認知和非認知意義。然而，這些規則又並非明確規定，而且會隨着生活環境的轉變而有所更改，我們必須在具體的生活中領會，字典不過是記錄了部份常用的意義和用法，通常過了一段時間，字典也要重新編寫，試想想「媽媽」和「爸爸」這兩個語詞在一些同性婚姻家庭是甚麼意思。

語句的意義

1. 認知意義，有真假可言，例如報告事實的語句。
2. 非認知意義，沒有真假可言，例如問句。

思考點：

在靈堂上常會見到「哲人其萎」、「名垂千古」之類的輓聯，這些話有認知意義嗎？

2. 歧義與含混

思考清晰以釐清概念為主，而在我們日常使用的語言中，有兩種情況會妨礙清晰的思考，一種是歧義，另一種是含混。

2.1 歧義

大部份字詞都有多過一個以上的意思，這稱為「歧義」，有時我們分辨不到究竟是哪一個意思，或是混淆了不同的意思，這就是「概念混淆」，會引致思考混亂，或產生誤解。例如「一日乘車票」，在日本和奧地利有不同的解釋，在日本，「一日乘車票」的意思是當日票，比如說我下午 4 時買了一日票，就只能用到當日晚上 12 時；但在奧地利，「一日乘車票」的意思則是 24 小時票，我下午 4 時買了一日票，就可以用到翌日下午 4 時。

思考題：「自由」一詞有甚麼不同的意思？

如果歧義涉及的是具體事物，則較易辨認；但若是抽象的東西，就會較難發現，例如哲學和宗教的用語。中國哲學之所以難讀，其中一個原因是諸如「天」、「道」、「心」、「性」、「理」、「氣」等字的歧義所致，而論者也往往沒有加以釐清，例如「天」既可指自然之天，一個有意志的天，或是純粹法則性的天。又以《金剛經》為例，經文中有兩句話，一句是近開頭的「應云何住？」另一句是名句「應無所住而生其心」，兩句話都有「住」這個字，但意思卻完全不同，第一個「住」的意思是「維持」，第二個「住」的意思卻是「執着」。

孟子的性善論跟荀子的性惡論真的是對立嗎？

混淆了字詞的不同意思而導致錯誤的推論，稱為「歧義謬誤」，[2] 例如：

有本漫畫書好過沒有東西，沒有東西好過自己的書；因此，有本漫畫書好過自己的書。

這個推論表面上看似成立，A 好過 B，B 好過 C，以此推論當然 A 就一定好過 C，但其實兩個前提的「沒有東西」並不是同一個意思，第一個的意思是「甚麼東西都沒有」，第二個的意思則是「任何東西都不是」。

2　見本書第四章 3.5 節。

有時一句話的意思多過一個解釋，不一定是字詞的多義所致，而是語法結構使然，為方便區別，可以稱之前的歧義為「語辭歧義」，而這裏所指的一種就叫做「語法歧義」，例如：

1. 學生：老師，你教的都不是好東西。

2. 老師：不要妄自菲薄，説自己不是好東西，這樣太看低自己。

學生説的「不是好東西」是指「教的內容」，老師説的「不是好東西」則是指「學生的自我評價」。語法歧義通常會出現在新聞或廣告標題，由於標題受字數所限，所以容易產生多個解釋。以下是從網上圖片摘錄下來令人忍俊不禁的例子：

1. 一班舊同學聚會的橫額寫着「從小便相識，大便情更濃」。

2. 一間電訊公司的廣告標語「一次性交 40-100 元」。

雖然我們從以上的語文脈絡可以判斷哪一個是合理的解釋，但這樣說話也不太好，因為信息不夠清楚，除非你是想玩雙關語，引人注意。或許大家認為歧義只會造成一些誤解或誤會，但其實誤解也可大可小，試想如果歧義出現在條例或法律條文，而你卻誤解了其意思，後果可以很嚴重。

我認為還有一種歧義是由同音字詞所造成，可稱為「語音歧義」，例如小時候第一次聽到「春眠不覺曉，處處聞啼鳥」這詩句時，我聽到的卻是：

春眠不覺曉，處處問題了。

規定每一個字詞都只有一個意思，那可以消除語辭歧義嗎？

2.2 含混

另一個容易引致思考混亂的是「含混」。含混是指字詞的應用範圍沒有明確的界線，例如「富有」，究竟擁有幾多錢才算富有並不明確，但沒有明確的界線並不表示沒有約略的界線，例如擁有 100 億身家肯定就是富有，而身無分文當然不可能叫做富有。含混的字詞多不勝數，例如：老人、年輕、肥胖、貧窮、勤力等等，而那些抽象性和比較性概念如：大小、長短、異同等，其含混性就更高。當然，含混的說法不一定有問題，例如我說：「今天天氣十分冷。」究竟有多寒冷或溫度多少並不重要，因為我旨在表達自己的感受。但如果處於分辨是非對錯的認知場合，含混的說法就很可能有問題，而且往往是用來蒙混過關的手法。例如當我們爭論立法問題時，如果只是用「有人贊成，有人反對」來含混了事是不當的，重點是究竟有多少人贊成，有多少人反對，比如說，有三成人贊成，七成人反對。要注意的是，所謂清晰性或準確性是針對有關的議題而定，就以上的例子來講，不需要說「有 205,678 人贊成」這樣準確，有時盲目地追求清晰或準確是不智的，例如廚師放調味料份量，跟醫生處方份量的準確性可不一樣。

歧義 VS. 含混

歧義是指言辭有兩個或以上的明確意思，而含混則沒有明確意思，它容許一段範圍內的可能解釋。同一個字詞既可含混又有歧義，例如廣東話的「肥佬」。

思考題：「股市可望在短期內上升」這句話的信息明確嗎？

有一種謬誤跟字詞的含混有密切的關係，那就是「非黑即白」。[3] 例如「富有」和「貧窮」本是含混的，它們之間有着不同的程度，如果由「不是富有」就推論出「一定是貧窮」，那就是犯了非黑即白的謬誤。

3. 定義

有時為了釐清歧義和含混帶來的困擾和混亂，我們需要對有關的概念下定義，例如幾年前政府實施了「限奶令」，限定只能攜帶兩罐奶粉出境，由於立法的需要，必須給予「奶粉」釐清性的定義，被限制的是供應給 36 個月以下嬰幼兒的食用配方粉，用水開後呈奶狀；有人因攜帶四罐「奶米粉」而被扣查，「奶米粉」並不符合以上定義，因為奶米粉用水開後是呈糊狀。由此可見，定義是重要的，特別是跟法律有關的定義，因為一不小心弄錯了，可能就會惹上官非。

「藥物」跟「毒品」的定義有甚麼不同？

立法的時候，往往要對關鍵的概念作釐清性的定義，就以死亡為例，現在對死亡的法律定義是腦幹死亡，但以前的定義是心臟停頓；如果將來我們能夠證明某些宗教對死亡的看法是

3 見本書第四章 4.5 節。

正確的話，那可能又要修改死亡的定義。這些宗教認為，靈魂完全離開肉體才算是真正的死亡，有説這過程在人斷氣後至少需要八個小時，在這段時間內，人還有意識和知覺，只是不能表達；目前用腦幹死亡來定義死亡，其中一個好處是可趁器官還未變壞時作移植之用，但從這些宗教的角度看，這有可能會給捐贈者帶來極大的痛楚，但也有人持不同意見。

除了釐清性定義之外，我們還有兩種主要定義，分別是報告性定義和規創性定義。報告性定義，顧名思義，就是報告字詞已有的意義和用法，字典和辭典提供的就是報告性定義。至於規創性定義，有好幾種情況，第一種是發明新的字詞來翻譯外語，例如「對確」這個詞最初出現的時候，就是用來翻譯英文的「valid」，意思是「一個論證若前提為真，則結論也必然為真」；第二種是用來指稱新的事物，例如「Brexit」這個字就是造出來指稱英國脱歐；第三種是賦予已有字詞新的意思，例如「有效」，引申來描述論證的時候，意思就是對確論證。

小孩子最初學習語言，是依靠定義學習字詞的意思嗎？

由於歧義和含混所造成的思考混亂，定義固然有釐清的作用，因為定義其實就是解釋字詞的意義；但並不表示定義就是唯一或是最好使人明白字詞意義的方法，有時用舉例的方式可能會更好，設想一個從未見過獅子的人，如果要令他明白「獅子」這個詞的意義，最好的方法還是給他一張獅子的照片，甚至給他看一隻真正的獅子。有時使用同義詞也可以有很好的效果，例如一個三歲的小孩問你「姨媽」是甚麼意思？假如他已經了解甚麼是媽媽和家姐的話，你最好的回答就是「姨媽即是媽媽的家姐」。

當我們碰到意義不明的說法時，最好就是詢問作者或講者。如果作者不在，那可以查字典，但字典只是報告字詞的已有用法，對於新的字詞，字典未必來得及更新，而且字典也可能出錯，例如有字典就將「歧義」和「含混」解釋為同義詞。我們也可以先列出不同的可能解釋，然後針對語境選出最合理的解釋。舉個例，《論語》中有一段話：「父母在，不遠遊，遊必有方。」一般的解釋是：父母在生的話，就不應去遠方旅遊，要旅遊的話，也要有個方向。問題是，旅遊固然要有個方向或目的地，但跟父母健在有甚麼關係呢？我認為，「方」是「方法」，不是「方向」，較合理的解釋是旅遊要有個方法，是安頓父母的方法，這就跟前文「父母在」有所關聯。

釐清意義的方法

1. 詢問作者是甚麼意思
2. 查字典
3. 找出在語境中的最合理解釋

4. 命題三分法

語句雖然由字詞組成，但一般來說，語句才是表達意義的基本單位，而語句的意義可分為認知意義和非認知意義兩大類，認知意義即是有真假可言。要注意的是，有些語句本身沒有任何意義，卻冒充有認知意義，例如「這扇窗從高處掉下來摔破了，它一定很痛」，死物是無所謂痛或者不痛，這完全是沒有意義的語句。這些冒充認知意義的語句，稱為「偽冒命題」，在哲學和宗教的言論中特別多，例如「釋迦牟尼超越時空而存在」，究竟這句話在甚麼情況下為真，甚麼情況下為假呢？論者根本不能說明。

有真假可言的語句又稱為命題，命題大致分為三種：分析命題、事實命題、價值命題。我們最熟悉的是事實命題，事實命題就是對事實的陳述，跟事實相符的就是真的，例如「雪是白色的」，跟事實不符的就是假的，例如「太陽由西面升起」。原則上，事實的判定是基於經驗，比如說觀察、實驗、調查等等。某個意義下，科學研究就是為我們帶來具普遍性的事實命題，有了這些普遍性的知識，我們就可以對未來作出預測，有利生存。舉個例，不知道山埃是有毒的話，吃了就得付上死亡的代價。

對一般人來說，分析命題比較陌生，也常被人當成為事實命題，例如「阿媽是女人」，這句話毋須驗證就可知道是真的，因為「女人」正包含在「阿媽」這個概念之中；換言之，只要我們分析字詞的意思就可判定此句話為真，這叫做分析真句，至於經分析意義後就可判定為假的語句，稱為分析假句，例如「三角形有四隻角」。分析真句又稱為恆真句，必然為真；分析假句則稱為矛盾句，必然為假。矛盾句具有「A 並且非 A」這個形式，就以「三角形有四隻角」這句話為例，四隻角即不是三隻角，所以「三角形有四隻角」包含着「A（有三隻角）並且非 A（不是有三隻角）」。

三種命題

1. 分析命題
2. 事實命題
3. 價值命題

用來寫粉筆字的「黑板」一定是黑色嗎？

分析真句必然為真，卻沒有提供任何信息，它只告訴我們有關字詞的意思；相反，事實命題就有經驗內容，告知我們特定的信息。雖然沒有實質內容，但並不表示分析句毫無價值，數學和邏輯的知識就是由分析命題建立起來，數學和邏輯的用處不在於直接提供經驗世界的知識，而是提供思考的法則，是我們建立經驗知識的必要工具。另外，我們學習語言的時候，也需要學習有關字詞的定義，即使「阿媽是女人」這句話是空洞，但對於最初學習「阿媽」這個字詞的人來說，也有其價值。

有些語句本身是分析真句，卻在特定的語境中冒充事實命題，那就會混亂我們的思考，例如天文台說：「明天下雨或者不下雨。」這是分析真句，必然為真，卻毫無信息，因為若明天下雨的話，這句話是真的，若不下雨，這句話也是真的，而且也只有下雨和不下雨這兩個可能性，但天文台有責任預測天氣的狀況，換言之，必須提供事實命題。分析真句冒充事實命題就是「空廢命題」，意思是毫無信息內容的廢話。要注意的是，分析命題和事實命題的區分有時並不明確，例如「凡事必有因」，既可說是分析命題，也可解釋為事實命題。

空廢命題的兩個條件

1. 分析句

2. 非事實命題

思考題： **「貓不是狗」是分析命題，還是事實命題？**

至於價值命題，主要有三種，分別是「實用」、「道德」和「審美」，例如「這是一把好刀」是實用判斷，「自殺是錯誤的」是道德判斷，「拉斐爾的《聖母聖子像》很美」是審美判斷。價值命題不像事實命題可以驗證，它的真假是訴諸理據的強弱，因此經常有爭論。一般來說，實用判斷的爭議性較少，有最大的一致性，其次是道德判斷，爭議性最大的是審美判斷。不過，有人反對將價值判斷稱為命題，因為經常有爭議性；但我並不同意，分析判斷和事實判斷有時也有很大的爭議性，例如「胎兒是人」和「火星有生命存在」。

明白了「命題三分」對思考有甚麼好處呢？就是當我們思考問題時，大致可歸類為「概念問題」、「事實問題」和「價值問題」；對應「概念問題」的是分析命題，對應「事實問題」的是事實命題，對應「價值問題」的是價值命題。混淆了不同類型問題，不但會引起思考混亂，也得不到相應的答案，因為不同命題是用不同方法來判定真假。例如「王老五是甚麼？」是一個概念問題，原則上我們通過分析「王老五」這個概念來回答；「去年香港有多少人出生？」則是一個事實問題，只要翻查記錄就可回答；「安樂死是否不道德？」卻是一個價值問題，我們可以比較正反雙方理據的強弱來回答，即是同時考慮支持及反對安樂死不道德的理據，然後再作判斷。

審美判斷完全是主觀嗎？

混淆分析命題和事實命題會帶來思考混亂，混淆事實命題和價值命題也是一樣，例如「人有生存權利」，形式上跟「人有心臟」十分相似，「人有心臟」是事實命題，可驗證其真偽，方法之一是解剖人的身體，看看有沒有心臟；但「人有生存權利」卻不是事實命題，而是價值命題，真正的意思是「人應該擁有生存的權利」，沒有任何經驗證據可證明為真，我們需要提出理據，比如說為了保障人的尊嚴。又例如，男性罪犯的數量遠高於女性罪犯，這是事實命題，如果因此就認為法律對男性不公平的話，那就是混淆了事實和價值。跟分析命題和事實命題的區分一樣，事實命題和價值命題之間也存在灰色地帶，例如「他十分懶惰」，既是事實命題，也可解釋為價值命題。

有一種謬誤叫做「一廂情願的思考」，也是混淆了事實和價值，由心目中的理想的狀態（價值）推論出事實如此或將會如此，例如：

社會福利是不需要的，因為只要每個人都努力工作，就一定能養活自己。

雖然事實命題一般比價值命題客觀，但有時價值命題的爭議未必是源於雙方價值觀的差異，而是大家對事實有不同的判斷所致，例如為了壓抑樓價，甲主張政府應該實施空置稅，但乙反對，因為乙認為空置稅無助於壓抑樓價，反而會推高樓價。在這個例子中，甲和乙雖然有不同的價值判斷（一個說應該實施空置稅，另一個說不應該實施空置稅），但其實他們都認為政府應該壓抑樓價，分別是雙方對於空置稅可否壓抑樓價有不同的事實判斷。

事實與價值

1. 事實是重要的，認清事實才能夠客觀。
2. 價值也是重要的，沒有正確的價值觀，人生就沒有方向。
3. 建基於事實的價值追求才不會落入空想主義。

5. 語害批判

語害是指有害確當思考的語言弊病，[4] 共有三類，分別是語意曖昧、言辭空廢、概念滑轉，每一類又可分為兩種，而第二種的弊病比第一種嚴重，例如在語意曖昧中，語意錯亂所產生的問題就比語意虛浮嚴重。

三種語害

1. 語意曖昧：語意虛浮，語意錯亂。
2. 言辭空廢：相對空廢，絕對空虛。
3. 概念滑轉：概念混淆，概念扭曲。

---

4 語害批判是由李天命先生所創，見李天命著，《哲道行者》（香港：明報出版社，第七版，2005 年 8 月），頁 109-125。

5.1 語意曖昧

語意曖昧是指言辭的意思不清晰，含混的言辭就容易產生語意曖昧的問題，不過較為輕微，稱為「語意虛浮」；而最嚴重的語意曖昧就是毫無意義，稱為「語意錯亂」，例如：

貝多芬第九交響曲有八公斤重。

這句話雖然合乎文法，我們也明白句中每個字的意思，但整句話根本毫無意義，不過是冒充有真假可言，上一節已討論過，這種沒有認知意義的冒牌貨叫做「偽冒命題」。要注意的是，語意虛浮與語意錯亂只有程度之分。還有，歧義不是語意曖昧，因為歧義有明確的意義，只是多過一個而已。

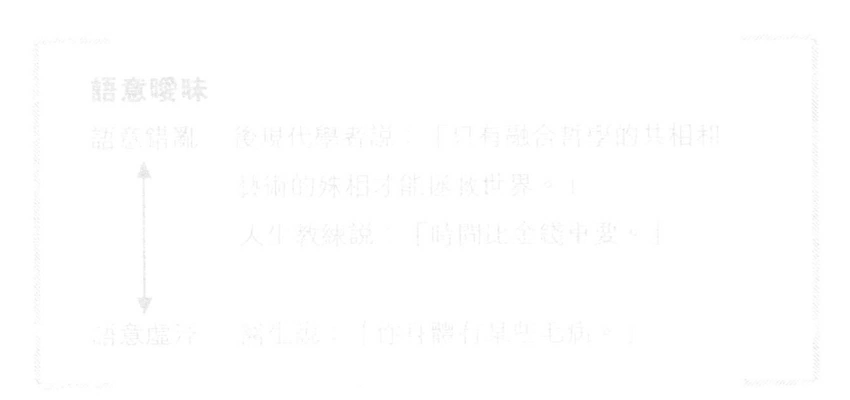

在哲學和宗教的言論中，充斥着語意錯亂的説法，也許這些看不懂的句子令人以為裏面有着深奥的意義，但看不懂的原因只不過是根本沒有意義可以看懂，就像一個沒有魚的池塘，無論怎樣找也不會找到魚。語意曖昧是一種常見的詭辯的手法，遇到對方質疑的時候，就以含糊不清的説法來回應，例如「全能的神」這種説法被質疑包含自相矛盾時，就以「神超越矛盾」來回答，但究竟「神超越矛盾」是甚麼意思呢？很奇怪，人對迷糊不清的言論有一種膜拜的心理，也許我們對於陌生的東西存在恐懼，又或者以為它背後有着深奥的意義，只是自己未能了解，就好像有些教徒説：「正由於教義荒誕，我才會相信。」語意曖昧也常見於術語、圖表、公式或符號，這些東西常常被人濫用來充當論據，但論者根本沒有説明清楚它們代表甚麼意思，及為甚麼可以支持這樣的結論。

思考題：「人的存在發現它自己面對着它的存在的可能的不可能性虛無。」這句話有意思嗎？

5.2 言辭空廢

言辭空廢是指內容空洞及多餘的話，分為「絕對空廢」和「相對空廢」兩種，絕對空廢就是之前所講的「空廢命題」，即分析真句冒充事實命題，產生誤導或思考混亂，例如社會學家用了 20 年時間對大量身為孤兒的人進行研究調查，最後宣佈研究結果：

所有孤兒都沒有父母照顧。

我們需要這些研究調查嗎？對詭辯者來說，這些必然為真，但沒有實質內容的「空廢命題」就很容易成為他們的所謂「理據」，例如做錯了事，為了免於責難，於是辯稱：

人又不是上帝！總會做錯事的。

那些我行我素的人也喜歡以「我是我」來支持他們的行事作風。

言辭空廢

絕對空廢：空廢命題	↑ 廢話程度
相對空廢	

至於相對空廢，並非分析真句，大部份是事實真句，也有可能是價值命題，但相對於當時的語境，卻是多餘的，例如上課時，老師說了一大堆諸於「今天天氣很好」之類不相干的話。有時連問句也可以是言辭空廢，例如看見朋友正在吃飯，於是問對方：「吃飯嗎？」這就是廢問。

5.3 概念滑轉

最後的一類語害是概念滑轉，那是在字詞的不同意思之間游走，造成思考混亂。概念滑轉分為「概念混淆」和「概念扭曲」兩種，概念混淆是由於歧義所致，之前已討論過。比如說「平等」這個字詞至少有兩個意思，一個是相等，另一個是公平，在這兩個意思之間游走就會引起誤導，亦即是混淆了這兩個概念的意思，例如：

人人平等是錯誤的，人根本就是不平等，有人天生是天才，有人天生是白癡，人在各方面其實都不一樣。

在這個例子中，第一個平等的意思是「要公平待人」，第二個平等的意思則是「人人相等」。我們要追求的是前者，不是後者。

概念扭曲不同於概念混淆，概念扭曲是改變了字詞的原來意思，違反詞義，而概念混淆則沒有違反詞義，只是混淆了字詞的不同意思，所以概念扭曲並非來自歧義。例如：

大人是成人，小人即是兒童。

將「小人」曲解為兒童，就是扭曲了「小人」這個概念的意思。概念扭曲也是常見的詭辯手法，例如：

有人質問：「若神是全善和全能，為甚麼世上會有惡的存在呢？」

護教者說：「惡是不存在的，因為惡只不過是善的缺乏。」

這就是扭曲了「存在」的意思，而且這種辯解是無力的，因為即使我們不叫那些事物為惡，它們依舊是存在的。

概念滑轉

1. 概念混淆：源於歧義
2. 概念扭曲：較為嚴重

思考題： **「白馬非馬」是概念混淆，還是概念扭曲？**

6. 思考與情感

一般來說，要理性思考，必須客觀和冷靜，而情感可能是妨礙，特別是在情緒的狀態下，會影響我們的思考和判斷，例如使用着色字眼就有可能引起情緒反應，影響思考，如「官僚」、「政客」、「學棍」等。當然，我並不是說不可以使用這些字眼，只是小心被情緒影響我們的判斷。

發脾氣的時候我們也很容易由不是這個極端，走到另一個極端，犯了非黑即白的謬誤。憤怒的時候就更加不能理性思考，或許大家都有這樣的經驗，跟朋友爭論問題爭到面紅耳赤時，在憤怒情緒的掩蓋下，不但不能做理性的分析，甚至連對方的話也聽不進耳朵，還很容易會扭曲對方的論點，犯上攻擊稻草人的謬誤。[5]

嫉妒也是一種常見影響思考的情緒，在嫉妒之中，我們很容易將沒有對立的東西對立起來，例如女性聽到男朋友稱讚別的女性漂亮，就會認為這表示男朋友認為自己不漂亮，其實兩者並非對立，由「甲小姐漂亮」是推論不出「乙小姐不漂亮」的。

還有慌張這種情緒，慌張的時候我們的腦海幾乎一片空白，因為血液都流到大腿去，準備隨時逃跑，這其實是一種本能性的反應，看看動物遇到危險的反應就知道，從生物進化的角度看，慌張是有好處的，就是遇到危險時，轉身就跑，保存生命要緊。在原始時代，那些遇到危險而停下來思考，想弄清楚究竟是否猛獸追來的人，早就被吃掉了。不過，時

---

5 見本書第四章 3.6 節。

代越進步，就越需要思考來解決困境，遇到危險反而需要冷靜，這樣才可以進行理性思考，想辦法解決問題。

不只是負面的情緒，就連正面的情緒，也有可能會妨礙理性的思考，例如人在興奮或得意的狀態，往往會掉以輕心，讓大腦「放假」。

如何控制這些情緒並不是思方學的工作，也許心理學能提供有效的方法；但明白到這些情緒對思考的影響是重要的，因為我們已經先有一種「覺」，當這些情緒出現的時候，就容易察覺到它們的存在，提早一步警惕自己，不要讓它們影響思考。

妨礙理性思考的情緒

1. 嫉妒
2. 憤怒
3. 恐懼
4. 興奮

雖然以上所講的情緒會妨礙理性的思考，但有些人似乎又走向一個極端，將理性和情感對立起來，認為理性就代表無情，所以思考要理性，就要沒有任何情感，這完全是誤解。人類作為萬物之靈，其中一個獨特之處就是我們懂得思考，正如巴斯卡（Blaise Pascal）說：「思考使人出類拔萃。」人類雖然如蘆葦般脆弱，卻是會思考的蘆葦；但巴斯卡也說人的本性不只是理性，也是激情，他還說：「當人向激情投降時，才能順從理性。」激情不一定是盲目的，巴斯卡就認為人的精神越崇高，激情也越強烈，精神正是理性和感性的結合。

對批判思考來說，激情有甚麼作用？

邏輯是 logic 的音譯，原本是指一門學科，但現在泛指任何的法則、方法、思路或規則，例如物理的邏輯、烹飪的邏輯、中國的邏輯、女人的邏輯等等；不過，此引申義會令我們忽略了邏輯的本義。如果當年我們採用孫中山先生的翻譯，將 logic 稱為「理則學」，即所有學科的通則，或許可以避免出現以上的引申義，及由此產生的混淆。

現在讓我們回到這個學科本身，簡單來說，我們可以將邏輯定義為「研究論證的學科」，這個學科是二千多年前由亞里士多德所確立，從這個角度看，合乎邏輯就是指推論正確，或沒有邏輯矛盾；而不合乎邏輯則是推論不正確，或有邏輯矛盾。論證是由前提和結論兩部份所組成，由前提推出結論，或者說前提支持結論，而作為前提或結論的語句必須是命題，即有真假可言。

在一般人心目中，「不合乎邏輯」是甚麼意思？

論證主要分為兩種，一種是必然性推論，稱為演繹法；另一種是概然性推論，稱為歸納法。要注意的是，有時邏輯是指狹義的邏輯，即演繹法，廣義的邏輯則包含歸納法。以下是演繹推論的例子：

甲比乙高。
乙比丙高。

因此，甲比丙高。

若前提為真，結論也必然為真，這就是必然性推論。以下是歸納推論的例子：

大部份香港人是中國人。

甲是香港人。

因此，（很有可能）甲是中國人。

若前提為真，結論很有可能為真，但不是必然為真（即有可能為假），這就是概然性推論。

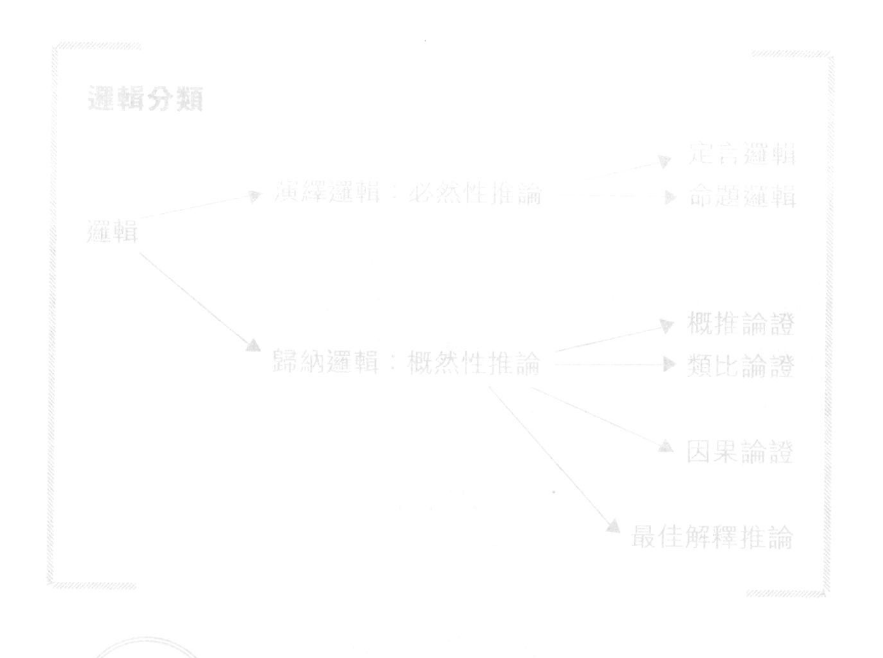

思考題：「演繹」和「歸納」在日常語言中有甚麼別的意思嗎？

1. 辨認論證

在我們的日常討論中，論證往往是隱藏的，前提和結論很少會像前面的例子中清楚標示，需要我們找出來，但怎樣找呢？有兩個步驟，第一步是先看看有沒有論證指示詞，指示詞有兩種，一種是前提指示詞，如「由於」、「因為」、「根據」等等，可以指示出前提所在，例如：「墮胎是不道德的，因為墮胎是殺人」，「因為」指示出「墮胎是殺人」為前提，用來支持「墮胎是不道德的」這個結論。另一種是結論指示詞，如「因此」、「所以」、「故此」等等，可以指示出結論所在，例如：「自願安樂死即是自殺，因此自願安樂死不可以合法」，「因此」指示出「自願安樂死不可以合法」為結論，而「自願安樂死即是自殺」就是支持的理由。

沒有論證指示詞並不一定表示沒有論證，第二步就是檢查命題之間有沒有推論關係，即是看看有沒有命題可以支持另一些命題，例如：

必須廢除死刑，即使是殺人犯也有生存的權利。

雖然這段話沒有論證指示詞，但我們發現「殺人犯也有生存的權利」可以用來支持「必須廢除死刑」。

「由於被告小時候遭到父親虐待，形成了心理不平衡才會犯案，請判定他無罪。」有論證指示詞就一定表示是論證嗎？

辨認論證的兩個步驟

1. 檢查有沒有論證指示詞

2. 檢查命題之間有沒有推論關係

論證可以非常複雜，因為論證前提的數目並沒有限制，而且前提和結論也有不同的組合方式，將論證圖示出來有助於我們分析和評價論證。以下先介紹幾種基本的論證模式，第一種最簡單，一個前提支持一個結論：

前提

↓

結論

例如：

安樂死可以消除絕症病人的不必要痛苦，因此安樂死應該合法。

第一句「安樂死可以消除絕症病人的不必要痛苦」是前提，「安樂死應該合法」是結論。

第二種模式是多過一個前提，它們可以獨立地支持結論：

前提 1　　　　前提 2

結論

例如：

必須廢除死刑，因為殺人犯也有生存的權利，而且死刑只會增加罪犯家人的痛苦。

第一句「必須廢除死刑」是結論，第二句「殺人犯也有生存的權利」是前提 1，第二句「死刑只會增加罪犯家人的痛苦」是前提 2。

第三種模式也是多過一個前提，不過前提要結合在一起才能支持結論：

前提 1　　＋　　前提 2

結論

例如：

墮胎是不道德的，因為胎兒是人，殺人是不道德的。

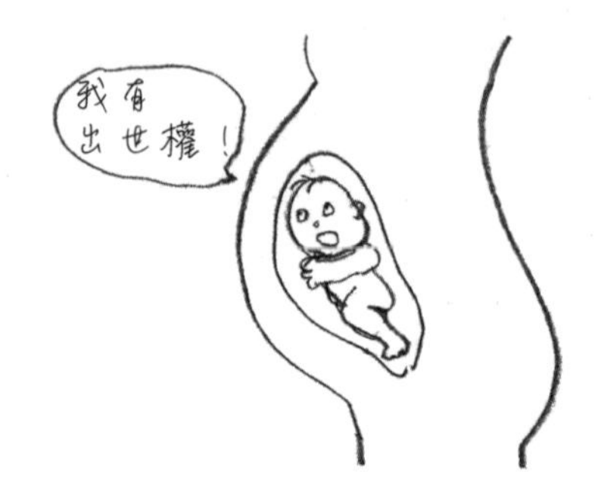

第一句「墮胎是不道德的」是結論，第二句「胎兒是人」是前提 1，第三句「殺人是不道德」是前提 2。

第四種模式包含中途結論，中途結論作為前提支持另一個結論：

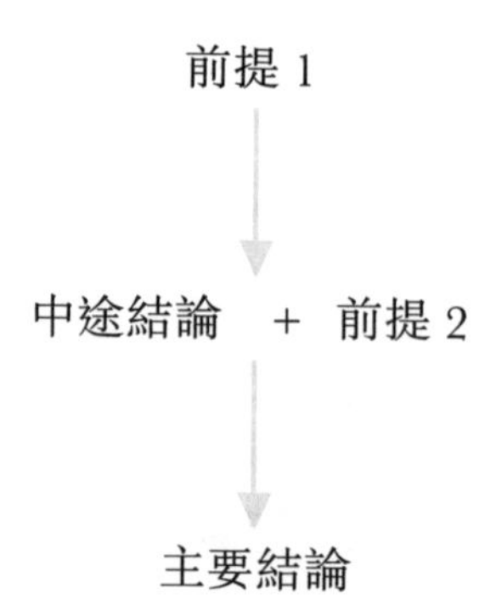

例如：

胎兒不是人，因此胎兒沒有生存權利，法律只保障有生存權利的生命，所以墮胎沒有違法。

第一句「胎兒不是人」是前提 1，第二句「胎兒沒有生存權利」是中途結論，第三句「法律只保障有生存權利的生命」是前提 2，第四句「墮胎沒有違法」是主要結論。

第五種模式比較少見，它包含兩個結論：

前提

結論 1　　　結論 2

例如：

墮胎是殺害人的生命，因此要立法禁止，也要加強宣傳，勸阻人墮胎。

第一句「墮胎是殺害人的生命」是前提，第二句「要立法禁止」是結論 1，第三句「要加強宣傳，勸阻人墮胎」是結論 2。

明白了以上的基本模式之後，就可以用它們來圖示論證，首先用數字順序標示命題，然後找出哪個命題是前提，哪個命題是結論，最後用箭頭表示推論，連接用數字代表的命題，這樣論證的結構就會清楚呈現。例如：

1. 自願安樂死不可以合法，2. 由於自願安樂死是自殺，3. 而自殺應該被禁止。為甚麼要禁止自殺？ 4. 因為自殺者來世會到地獄受苦，5. 這是根據佛家的業報和輪迴理論。

以上總共有五個命題，「為甚麼要禁止自殺？」是問題，不是命題，所以毋須用數字標示。有三個前提指示詞，「由於」顯示出命題 2 和命題 3 支持命題 1，而命題 2 和命題 3 需要結合一起才能提供支持；「因為」顯示出命題 4 支持命題 3；「根據」顯示出命題 5 支持命題 4，論證的結構圖如下：

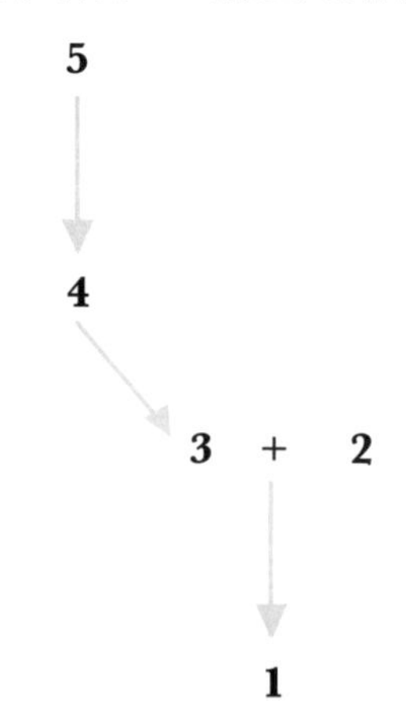

從這個圖可以看到命題 3 和命題 4 都是中途結論，命題 1 則是主要結論 ，而每一個箭頭代表一個推論，根據圖示，這個複合論證就是由三個論證所組成。將論證圖示出來之後，就易於進行評價，下一節會討論評價論證的問題。

圖示論證的步驟

1. 用數字順序標示命題。

2. 找出命題之間的推論關係。

3. 用箭頭表示推論，連接用數字代表的命題。

2. 評價論證

辨認出論證之後，就可以做評價的工作。評價論證有兩個步驟，也可以說是有兩個標準，第一個是判定論證的強度，即前提支持結論的程度；第二個是判定前提的真假。要注意的是，這兩個步驟是互相獨立的，即論證的強度跟前提的真假沒有關係，一個強的論證可以有假的前提，一個弱的論證也可以有真的前提。既然這個兩步驟互相獨立，為甚麼會有先後呢？這是因為檢查前提的真假有時並不容易，可能要花很大的功夫；相對來說，判定論證的強度就比較容易，我們只需要假定前提為真，審視前提對結論的支持程度就可以了，不需要花時間在求證的功夫上。若我們發現前提根本不能支持結論的話，就不用理會前提的真假。還有，我們心理上有一個傾向，就是先關注前提的真假，少注意前提跟結論的關聯性，所以這一步對思考來說很重要。

2.1 論證的強度

由於論證分為演繹和歸納兩大類，所以評價論證的強度也有兩個不同的標準。對演繹論證來說，若符合其目的，即如果前提真，則結論必然為真，這就是正確的演繹論證，稱為「對確」，若做不到的話，那就是錯誤的演繹論證，稱為「不對確」。

以下是對確論證：

甲是乙的兄長。

因此，甲是男性。

若前提為真，結論也必然為真。

以下是不對確論證：

甲是乙的兒子。

因此，乙是甲的父親。

若真提為真，結論有可能為假，因為乙可以是甲的母親，不一定是父親。

對確論證 = 如果前提為真，結論也必然真

（不可能前提真而結論假）

對歸納論證來說，若符合其目的，即如果前提真，則結論很有可能為真，這就是「強」的歸納論證，若做不到的話，那就是「弱」的歸納論證。要注意的是，對確和不對確是截然二分的，但強和弱則有程度之分。

以下是強的論證：

90% 的中大學生是香港人。

甲是中大學生。

因此，甲 是香港人。

如果我們將第一個前提的「90%」改為「99%」，這個論證就會變得更強；若將「90%」改為「80%」，這個論證就會變得比之前弱，但仍然是強的論證；當然，只有「20%」的話，那肯定是一個弱的論證。

強的論證 = 如果前提為真，結論很有可能為真。

正如前面所講，論證的強度跟前提的真假沒有關係，對確論證可以有假的前提，不對確論證也可以有真的前提。若對確論證的前提全都是真的話，稱為「真確」，真確論證有兩個條件，一個是對確論證，另一個是前提為真，例如：

董建華的年紀大過曾蔭權。
曾蔭權的年紀大過梁振英。

因此，董建華的年紀大過梁振英。

不符合以上任何一個條件都是「不真確」論證，例如：

林鄭月娥的年紀大過曾蔭權。
曾蔭權的年紀大過梁振英。

因此，林鄭月娥的年紀大過梁振英。

這論證是對確，但不是真確，因為第一個前提是假的。

真確論證的結論有可能是假嗎？

若強的歸納論證前提全部為真的話，這稱為「有力」論證；有力論證也有兩個條件，一個是強的歸納論證，另一個是前提為真，不符合任何一個條件都是「無力」論證。以下的論證是有力的：

大部份香港人是中國人。

曾蔭權是香港人。

因此，曾蔭權是中國人。

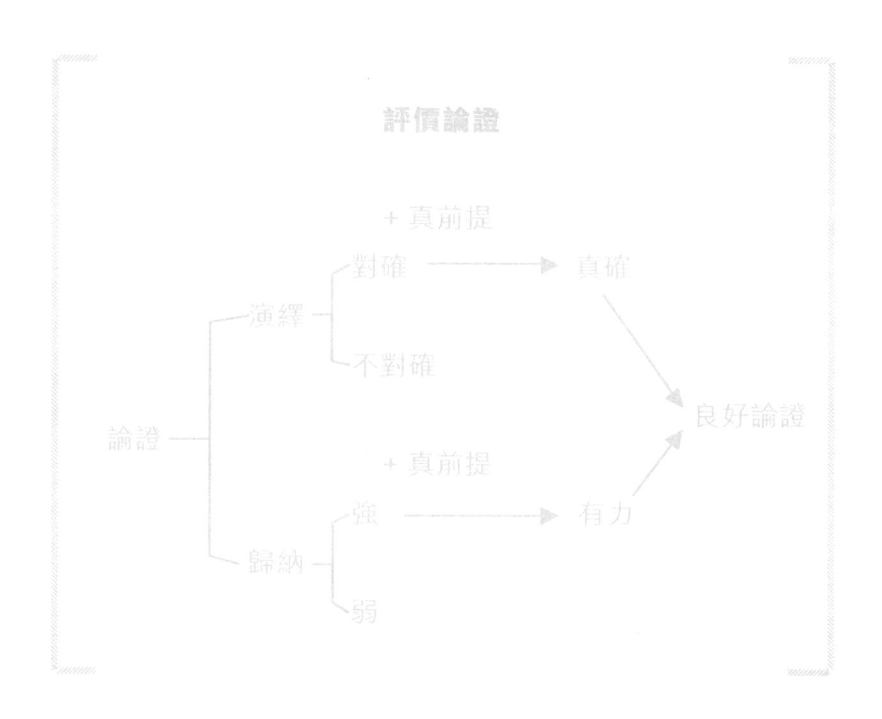

2.2 前提的真假

評價論證的第二步就是判定前提的真假，前提是由命題所組成，要判定命題的真假就要先判定是哪一種命題，是分析命題、事實命題，還是價值命題，因為不同的命題有不同判定真假的方法。

原則上，分析命題單憑分析清楚命題的意思就能判定真假，毋須檢查事實是否這樣。例如「三角形有四隻角」，根據定義，三角形有三隻角，所以「三角形有四隻角」一定是假的，這是分析假句，因為包含了邏輯矛盾。又例如「王老五是單身漢」，這是分析真句，毋須檢查每個王老五是否單身漢。這樣看來，分析命題的真假似乎不難判定，只要弄清楚字詞的定義就可以了，但有時我們會為定義而爭論，就以下面的論證為例：

殺人是不道德的。

墮胎是殺人。

因此，墮胎是不道德的。

這是對確論證，如果前提真則結論必然真，第一個前提是道德規則，也是價值命題，一般來說是真的（但有例外，例如自衛殺人）；至於第二個前提是分析命題，視乎我們怎樣定義人，若將胎兒算做人的話，「墮胎是殺人」就是真的；若不將胎兒算做人的話，「墮胎是殺人」則是假的，但胎兒是否人，或胎兒要到哪個階段才算是人？這卻是爭議所在。雖然「胎兒是否人？」是概念問題，但其實一點也不容易回答，因為背後涉及太多情感、利益、價值和宗教的因素。

至於事實命題，原則上只要檢查有關狀況就可判定真假，一般來說，事實命題比價值命題客觀，但並不表示事實命題就沒有爭議性，尤其是存在命題，例如「有外星人存在」，除非我們限制在特定的時空，否則存在命題就只能被檢證，而沒法被否證；而開放性的普遍命題如「天鵝是白色」，則只能被否證或印證，無法被檢證。有些事實命題需要長時間的研究或調查才可以判定，大部份自然科學的工作都屬於這一類。有些涉及比較複雜因果的事實命題也無法簡單地驗證，例如「死刑有阻嚇作用」。有時我們又會過於輕率地訴諸常識，但須知常識的可靠性（一般來說）不及統計研究得出來的結論，例如很多人認為「先同居後結婚可減低離婚的機會」，但調查發現這不是真的，先同居後婚姻的離婚率其實比沒有同居的婚姻更高。

驗證性

1. 檢證：憑觀察就可判定「這隻天鵝是白色」為真。

2. 否證：若發現一隻黑天鵝，就可判定「所有天鵝是白色」為假。

3. 印證：假使沒有發現非白色的天鵝，那麼每發現一隻白天鵝就可支持「所有天鵝是白色」為真。

有時我們的知識也會過時，例如在我小時候，大人常常警戒小孩子不要太近看電視，因為電視有輻射，要保持六尺的距離，這是當時的常識；但時至今日就不成立了，因為技術的改進，現在的電視已沒有危害健康的輻射，但很多人仍然堅持看電視要有六尺距離這個信念。

「所有人會死」這句話可以否證嗎？

3. 演繹邏輯

演繹邏輯可以分為兩種，定言邏輯和命題邏輯；前者由亞里士多德所創立，後者則源於斯多亞學派（Stoicism），到 19 世紀末發揚光大，所以有時我們會稱定言邏輯為傳統邏輯，叫命題邏輯做現代邏輯。亦有人認為我們根本不需要講定言邏輯，因為所有定言邏輯的論證都可以用量化邏輯來處理；不過，在這裏我們不會介紹量化邏輯，因為技術性很強，所以仍然需要講定言邏輯，而且定言邏輯比量化邏輯較接近我們的常識。

正如前面所說，對確就是正確的演繹論證，意思是「若前提為真，則結論必然為真」，或者「前提真而結論不可能為假」。我們用「對確」或「不對確」來判定演繹論證的強度，而對確與否主要決定於論證的形式，跟內容或前提的真假無關。如果論證形式是對確的話，任何內容的論證都是對確的；如果論證形式是不對確的話，甚麼內容的論證也是不對確的。由於演繹邏輯有兩種，論證形式也有兩種，一種屬於定言邏輯，另一種屬於命題邏輯。

對於對確論證來說，如果前提為假，結論也一定為假嗎？

3.1 定言邏輯

定言邏輯的論證是由定言命題所組成，定言命題有四種，分別是「所有 A 是 B」、「沒有 A 是 B」、「有 A 是 B」及「有 A 不是 B」，A、B 這些符號所代表的是字詞，例如「所有人是哺乳類」具有「所有 A 是 B」這個形式，「人」和「哺乳類」都是字詞。

四種定言命題

1. 所有 A 是 B：全稱肯定命題
2. 沒有 A 是 B：全稱否定命題
3. 有 A 是 B：特稱肯定命題
4. 有 A 不是 B：特稱否定命題

定言邏輯的論證是由定言命題所組成，例如：

所有中大學生是香港人。
所有香港人是中國人。

因此，所有中大學生是中國人。

我們可用 A, B, C 分別代表中大學生、香港人和中國人，得出來的論證形式如下：

所有 A 是 B

所有 B 是 C

∴ 所有 A 是 C

這個論證是對確的，即是若前提為真，則結論必然為真，任何論證具有這個形式都是對確的。但如何證明這個論證形式是對確呢？邏輯家有一些很可靠的判斷方法，例如范氏圖解法（Venn diagram），[1] 但在這裏我不會講解這種方法，有一種比較簡單的方法，也是用圖解形式的，姑且稱為圖解法（但不同於范氏圖解法），就以上面的論證為例，只有一種圖解畫法：

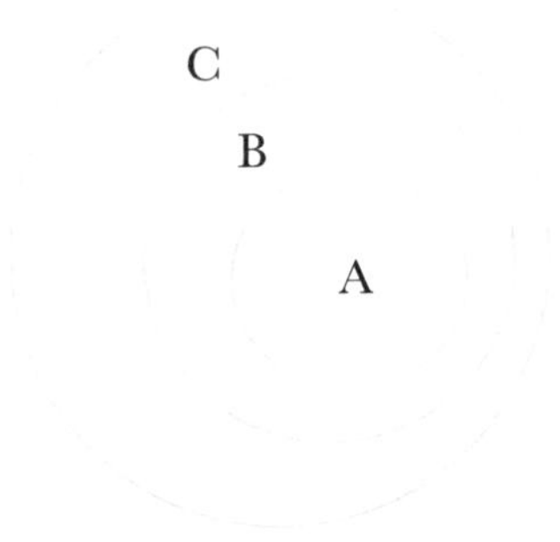

C

B

A

從這個圖可以看到，「所有 A 是 B」即是 A 在 B 之內，而「所有 B 是 C」即是 B 在 C 之內；那麼，A 就一定在 C 之內，即是「所有 A 是 C」。

---

1 范氏圖解法可參考拙作，梁光耀著，《圖解思考方法》（香港：中華書局，2017 年），頁 55-70。

對確論證也可以有假前提和假結論，例如

所有人（A）是貓（B）。　　　（假）
所有貓（B）是狗（C）。　　　（假）

因此，所有人（A）是狗（C）。（假）

以下這個論證是不對確的：

所有中大學生是中國人。
所有香港人是中國人。

因此，所有中大學生是香港人。

我們可用 A, B, C 分別代表中大學生、中國人和香港人，得出來的論證形式如下：

所有 A 是 B
所有 C 是 B

∴　所有 A 是 C

這個論證形式的其中一個可能圖解如下：

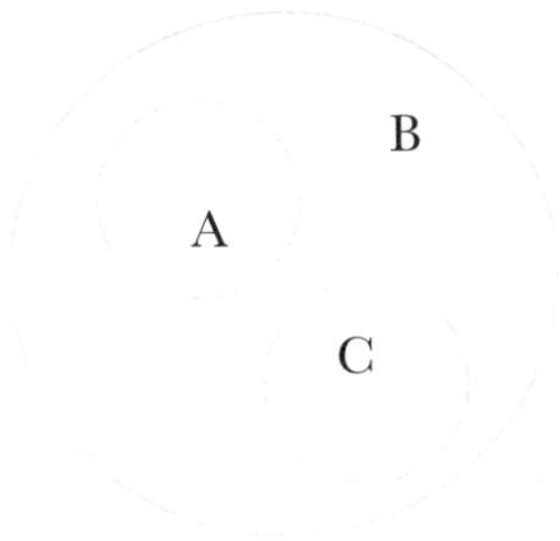

B

A

C

從上圖可以看到，「所有A是B」即是A在B之內，「所有C是B」即是C在B之內，但有可能A不在C之內，即「所有A是C」有可能為假，所以這個論證形式是不對確的。

不對確論證也可以有真前提和真結論，例如：

所有人（A）是動物（B）。　　（真）
所有哺乳（C）是動物（B）。　　（真）

因此，所有人(A)是哺乳類(C)。　　（真）

有另一個證明論證形式不對確的方法，就是代入一些具體內容，令得前提真而結論假，這樣就可證明論證不對確，因為根據定義，對確論證是不可能前提真而結論假的，例如：

所有銅（A）是導電體（B）。　　（真）
所有鐵（C）是導電體（B）。　　（真）

因此，所有銅（A）是鐵（C）。　　（假）

前面說過，論證是否對確跟前提和結論的真假無關，要判斷對確性，必須檢查論證形式（沒有論證形式的話，就要考察在意義上前提是否涵蘊結論）；但有一種情況例外，就是前提真而結論假的話，論證一定是不對確的，因為根據定義，對確論證不可能前提真而結論假。

還有，如果論證的前提有自相矛盾，則論證是對確的，因為它符合了對確的定義，就是不可能出現前提真和結論假，自相矛盾的前提是永遠為假的。如果論證的結論是恆真句，即永遠為真，也符合了對確的定義，因為也不可能出現前提真和結論假的情況。但我們可以將它們視為特殊情況，日常生活根本不會出現這樣的論證；因為我們不會接受自相矛盾的前提，自相矛盾一定是假的，所以論證一定不是真確的；也沒有需要去證明恆真句，恆真句是必然為真，證明其為真是多餘的。

對確性 VS. 真假值

前提	結論	對確性
真	真	不詳
真	假	不對確
假	真	不詳
假	假	不詳
自相矛盾		對確
	恆真句	對確

如果我們將不對確論證形式誤以為對確的話，則犯了形式謬誤，例如：

有 A 是 B
有 B 是 C

∴ 有 A 是 C

我在課堂上做過一個實驗，有半數以上的學生認為這個論證形式是對確的；換言之，他們都犯了形式謬誤。只要代入具體內容，造成前提真而結論假，就可證明這個論證形式是不對確的：

有貓（A）是溫馴的動物（B）。 （真）
有溫馴的動物（B）是狗（C）。 （真）

因此，有貓（A）是狗（C）。 （假）

3.2 命題邏輯

命題邏輯的論證是由邏輯命題所組成，而邏輯命題也有四種常見的形式，分別是「如果 A 則 B」、「非 A」、「A 並且 B」及「A 或者 B」，要注意的是，這裏的 A、B 符號所代表的不是字詞，而是命題，例如「如果天下雨，則地下濕」就具有「如果 A 則 B」這個形式，「天下雨」和「地下濕」是命題，指涉的是事態，所謂邏輯命題的意思是命題由邏輯字連接起來，「如果……則」、「非」、「並且」及「或者」等都是邏輯字。

四種邏輯命題

1. 非 A：否定命題
2. A 並且 B：連言命題
3. A 或者 B：選言命題
4. 如果 A 則 B：條件命題

思考題：**如何將「所有人是哺乳類」翻譯為命題邏輯的條件句？**

要判斷命題邏輯論證的對確性，可以用真值表法，[2] 不過在這裏也不會介紹這個方法，因為技術性也很強，以下所講的都是一些簡單的論證形式，只要稍加説明就會明白它們的對確性。命題邏輯中常見的對確論證形式有兩個，稱為正斷律和逆斷律，例如：

如果甲已婚，則甲年滿十八年歲。
甲已婚。

因此，甲年滿十八年歲。

2 真值表法可參考拙作，梁光耀著，《圖解思考方法》（香港：中華書局，2017年），頁 73-91。

這是正斷律，其論證形式為：

如果 A 則 B

A

∴　B

又例如：

如果甲已婚，則甲年滿十八年歲。

甲未年滿十八年歲。

因此，甲未婚。

這是逆斷律，其論證形式為：

如果 A 則 B

非 B

∴　非 A

而常見的形式謬誤也有兩個，稱為肯定後項和否定前項的謬誤，在「如果A則B」這條件句中，A是前項，B是後項。例如：

如果甲已婚，則甲年滿十八年歲。

甲未婚。

因此，甲未年滿十八年歲。

這個論證是不對確的，因為前提為真而結論有可能是假，稱為否定前項的謬誤 ，其論證形式為：

如果 A 則 B

非 A

∴　非 B

又例如：

如果甲已婚，則甲年滿十八年歲。

甲年滿十八年歲。

因此，甲已婚。

這是肯定後項的謬誤，其論證形式為：

如果 A 則 B

B

∴　A

另一個常見的對確論證形式包含選言命題，如下：

A 或者 B

非 A

∴　B

但以下這個論證形式是否對確呢？

A 或者 B

A

∴　非 B

這個論證形式比較特別，可以解釋為對確，也可以解釋為不對確，因為「或者」是有歧義的，它有兩個意思，一個是排斥性的，即 A 和 B 不可同時為真；另一個是非排斥性的，即 A 和 B 可同時為真；有排斥性或者的論證是對確，而有非排斥性或者的則是不對確的。究竟解釋為哪一個意思的或者，就要視乎具體情況而定，例如你到餐廳吃「是日午餐」，侍應生問：「咖啡或茶？」那就是排斥性的或者，你只可選其一；但如果你是在飛機上吃飛機餐，空中小姐問：「咖啡或茶？」那就是非排斥性的或者，因為你可以兩樣都要。對於「A 或者 B，非 A；因此 B」這個論證形式來說，無論「或者」是哪個意思，都是對確的。

思考題： **「如果 A 則 B，如果非 A 則 B，A 或者非 A；因此，B」這個論證形式稱為兩難式，是否對確呢？**

還有一個常用的對確論證稱為「歸謬法」，那是假設 A 為真，然後推論出自相矛盾，就可證明 A 不是真的，即是假，律師盤問疑犯或證人時就經常採用這種方法。

假設 A 為真

↓

自相矛盾

因此，A 不是真的。

我們可以將歸謬法陳構成逆斷律：

如果 A 則 B
非 B

∴ 非 A

B = 沒有自相矛盾，非 B = 自相矛盾。

3.3 翻譯問題

原則上，我們日常語言中的命題都可轉換成定言命題或邏輯命題，為甚麼要將日常語言翻譯為這些命題形式呢？那是用來陳構論證形式，方便我們判斷論證是否成立。以下讓我們談談一些常見的例子，例如「阿媽是女人」，翻譯為「所有阿媽是女人」；「只有勤力的人才會成功」，翻譯為「所有成功者是勤力的人」；「除非你給我 100 元，我不會借電腦給你」，翻譯為「如果你不給我 100 元，則我不會借電腦給你」；「我只吃我喜歡的食物」，翻譯為「所有我喜歡的食物是我吃的東西」；「孫中山是好人」，翻譯為「所有跟孫中山相同的人是好人」；「唯一我喜歡的花是玫瑰」，翻譯為「所有我喜歡的花是玫瑰」。

常用的翻譯公式

1. 單稱命題 ➔ 全稱命題
2. 條件命題 ➔ 全稱命題
3. 只有 A 是 B ➔ 所有 B 是 A （A 和 B 是字詞）
4. 唯有 A 是 B ➔ 所有 A 是 B （A 和 B 是字詞）
5. 所有非 A 是非 B ➔ 所有 B 是 A （A 和 B 是字詞）
6. 所有 A 是非 B ➔ 沒有 A 是 B （A 和 B 是字詞）
7. 除非 A，B ➔ 如果非 A 則 B （A 和 B 是命題）
8. A 是 B 的必要條件 ➔ 如果 B 則 A （A 和 B 是命題）
9. A 是 B 的充份條件 ➔ 如果 A 則 B （A 和 B 是命題）
10. 非 A 或者 B ➔ 如果 A 則 B （A 和 B 是命題）
11. 如果非 A 則非 B ➔ 如果 B 則 A （A 和 B 是命題）

4. 歸納論證

演繹推論雖然有必然性，但並沒有增加我們的知識，因為結論講的東西早就包含在前提之中，推論不過是將它顯示出來；相反，歸納推論雖然沒有必然性，但結論講的東西多過前提的內容，所以能增加我們的知識。換言之，歸納法就是我們獲取知識的方法，例如我們從個別事件歸納出一些普遍性的知識：「每天太陽都由東邊升起」、「金屬是導電體」、「NaCl 溶於水」等等，這樣就可以作出預測，有利於生存。

常見的歸納法有四種，分別是概推論證、因果論證、類比論證和最佳解釋推論。

4.1 概推論證

概推論證是由某事物樣本具有的性質，推論出該事物也具有這樣的性質，概推論證的形式如下：

在觀察 X 的一定數量樣本當中，有 Y% 是 Z。

因此，X 有 Y% 是 Z。

如果 Y 是 100 的話，那就是普遍的歸納，例如：

已觀察的天鵝是白色的。

因此，所有的天鵝是白色的。

如果 Y 不是 100 的話，這就是統計的歸納，例如：

已觀察的肺癌病者有三成可以康復。

因此，肺癌病者有三成可以康復。

在日常生活中，概推論證是廣泛被使用，很多研究調查都是概推論證，例如要知道香港市民對政府人工島填海計劃的意見，我們可以做一次問卷調查，抽取若干數量的香港市民來作答。即使是普通人的日常抉擇，很多時都不自覺地用了概推論證，但可能比較粗糙或不嚴謹，例如為甚麼要去某餐廳吃晚飯？因為以前光顧了幾次都不錯。

要評價概推論證的強度，有幾點要注意：第一，樣本是否充份？第二，樣本是否隨機抽查？即使樣本的數量足夠，但不是隨機抽樣的話，也沒有代表性；第三，有沒有已知遺漏？例如已經知道有黑天鵝存在，即使有數量很多的白天鵝，都不能推論出「所有天鵝是白色的」這個普遍性命題。如果樣本充份，有代表性，又沒有已知遺漏，這就是強的論證。

4.2 因果論證

顧名思義，因果論證就是找出事物因果關係的推論，例如：

你經常吃炸薯條。

你的體重不斷增加。

因此，吃炸薯條是體重增加的原因。

著名的 19 世紀英國哲學家彌爾（John Stuart Mill）主張五種用來找尋因果的歸納法，所以又稱為因果歸納法。

彌爾的五種歸納法

1. 取同法
2. 差異法
3. 差異關聯法
4. 共變法
5. 剩餘法

以下是取同法的形式：

個案 1：事件 A 發生之前有 B, C, D, E 的現象出現。
個案 2：事件 A 發生之前有 B, C, E, F 的現象出現。
個案 3：事件 A 發生之前有 B, C, D, F 的現象出現。

因此，B 是 A 的原因。

例如一家人出外吃飯，飯後大家都肚痛，很有可能是食物令大家肚痛。

以下是差異法的形式：

個案 1：B, C, D, E 的現象出現之後，事件 A 發生。
個案 2：C, D, E 的現象出現之後，事件 A 沒有發生。

因此，B 是 A 的原因。

在個案 1 有事件 A，在個案 2 沒有事件 A，兩者的唯一差別就是個案 1 有 B 出現，而個案 2 沒有 B 出現，由此推論出 B 就是 A 的原因。科學實驗經常會採用控制組和實驗組的方法，這正是差異法的應用；舉個例，要測試某種藥物的效果，可將病患者隨機分成控制組和實驗組，實驗組接受藥物治療，控制組沒有；除此之外，兩組的待遇都一樣，一段時間之後，再觀察兩組病人的狀況，如果實驗組比控制組的病情有所改善，就可推論出藥物有治療的效果。

至於差異關聯法，就是將取同法和差異法結合來使用，那就更加可靠了。

共變法的形式如下：

個案 1：增加 B 的程度，A 的程度會出現相應變化。
個案 2：減少 B 的程度，A 的程度會出現相應變化。

因此，B 是 A 的原因。

每一次 B 的程度改變後，A 都會出現相應的變化，由此推論出 B 就是 A 的原因。

剩餘法的形式如下：

個案：B, C, D, E 的現象出現之後，事件 A, X, Y, Z 發生。
已知 C 是 X 的原因，D 是 Y 的原因，E 是 Z 的原因。

因此，B 是 A 的原因。

思考題：**有人認為剩餘法其實是演繹推論，你同意嗎？**

因果有着時間上先後的關係，原因先於結果；可是，即使兩個現象經常伴隨出現，並不表示它們就一定有因果關係，關聯性只是我們找尋因果關係的起點。

評價因果論證

1. 檢查兩個事件是否有關聯性
2. 檢查兩個事件是否由同一個原因所造成
3. 檢查兩個事件是否因果倒轉
4. 檢查兩個事件是否互為因果

思考題：**每次閃電之後都會行雷，閃電就是行雷的原因嗎？**

4.3 類比論證

類比論證是基於兩種東西有某些相似性，而推論出它們也有其他相似的地方，類比論證具有以下的形式：

X 具有 A, B, C, D 等的性質。
Y 具有 A, B, C 等的性質。

因此，Y 也具有 D 的性質。

例如著名的手錶論證：

手錶的結構十分精密、有秩序、有創造它的設計師。
宇宙的結構十分精密、有秩序。

因此，宇宙也有創造它出來的設計師，這就是上帝。

很奇怪，不少人批評手錶論證的「理由」是它沒有必然性，但手錶論證其實是類比論證，類比論證屬於歸納法，而歸納法本身就沒有必然性，只有概然性，但這並非歸納法的缺點，批評歸納法沒有必然性就好像批評消防員不去捉賊一樣荒謬。

在醫藥研究方面，很多結論都是基於類比論證，例如有不少藥物我們都是先用動物（如白兔）來試驗，若對動物沒有傷害的話，才給人類使用，這就是基於人和動物在生理上的相似性，動物吃過這些藥有效，對人也應該同樣有效。另外，在法律論辯、哲學思考，甚至創造發明等領域，類比論證都是很有用的工具。

要評價類比論證的強度，就要找出相似性跟類比性質的關聯，如果有關聯的相似性越多，論證也越強；不但要看相似性，也要看差異性，如果有關聯的差異性越少，論證也越強。

評價類比論證

1. 確認要比較的事物
2. 檢視相似性跟類比性質的關聯
3. 檢視差異性跟類比性質的關聯

「天無二日，故君無二主。」這個類比推論成立嗎？

4.4 最佳解釋推論

最佳解釋推論是在現存的證據之中，找出一個最合理的假設來解釋，其形式如下：

相對於事件 A，有一系列的證據，並且有 H1，
H2……Hn 等假設解釋事件 A。
H1 能提供最佳的解釋。

因此，H1 成立。

要注意的是，假設不一定是普遍定性定律或概然性定律，也可以是某件事的原因或個別的真相，比如說推論出誰是兇手。舉個例，對於「為何宇宙出現？」這個問題有三個假設，第一是上帝創造宇宙；第二是大爆炸產生宇宙（當然，也有可能是上帝令大爆炸出現）；第三是宇宙自有永有。到目前為止，第二個假設所得的證據支持是最多的，如宇宙正在膨脹、紅移現象、宇宙背景輻射等。即使沒有充份證據證明某個假設成立，但我們也可以找到符合現存證據的最合理解釋，充當暫時性假設。不過，也有人認為最佳解釋推論既不是歸納法，也不是演繹法，但就不在此爭論了。

5. 邏輯悖論

邏輯代表理性的根本，而邏輯悖論就是在推論的過程中，由前提開始，每一步都是合乎邏輯的，但結論卻是理性所不能接受，在這裏我會介紹兩個邏輯悖論，一個是理髮師悖論，另一個是烏鴉悖論。

據説奧地利有一位熱心助人的理髮師，他説他只會為那些不為自己理髮的人理髮，比如説如果你不為自己理髮，他就會為你理髮。但問題是，究竟這位理髮師會否為自己理髮呢？如果他為自己理髮的話，根據他的承諾，他就不要為自己理髮；但如果他不為自己理髮，他就要為自己理髮，因為他要為那些不為自己理髮的人理髮。換言之，他永遠處於為自己理髮和不為自己理髮這個循環之中，沒有出路。當然，如果他所説那句話不包括自己的話，就沒有這個悖理的循環。

至於烏鴉悖論，也是由一些沒有爭議的前提出發，最後到達一個理性所不能接受的結論。首先，我們有「所有烏鴉是黑色的東西」這個命題，其形式為「所有 A 是 B」，跟「所有非 B 是非 A」等值，即是「所有非黑色的東西是非烏鴉」。如果我找到一隻黑色的烏鴉，就能印證「所有烏鴉是黑色的東西」這個命題為真，越多黑色的烏鴉，就越印證這個命題為真；同理，如果我找到一隻黃色的香蕉，就能印證「所有非黑色的東西是非烏鴉」這個命題為真。既然「所有烏鴉是黑色的東西」跟「所有非黑色的東西是非烏鴉」是等值；那麼，一隻黃色的香蕉也能印證「所有烏鴉是黑色的東西」這個命題為真，但理性上我們卻不接受這個結論。

邏輯悖論 = 前提和推論都沒有問題，

但結論卻是理性上不能接受的。

思考題：「一尺之棰，日取其半，萬世不竭」是悖論，
還是詭辯呢？

在一般人的心目中，科學代表了理性和客觀，即使他們不大清楚科學的是甚麼，但從科學的效用（即科技），例如核能發電、電腦、手提電話等就可知道科學的厲害和必要性。很多人也認為，來自研究報告的結論就代表有科學根據，好像是很客觀；但有時這些研究報告卻是互相抵觸的，我們要留意的是研究報告的質素，首先是檢視報告的來源，看看是否聲譽良好的機構，研究是否在學術期刊發表，或是可以由其他機構重複，也得到相同的結果。要注意的是，研究也受着研究員的價值觀、期望、偏見或利益所影響，比如說獲大藥廠資助的研究很可能會出現對藥廠有利的研究報告，科學研究並不如我們想像中般是完全是價值中立的。

究竟科學是甚麼呢？科學有狹義和廣義之分，狹義是指研究自然現象的學科，包括物理學、化學和生物學等，廣義是泛指採用科學方法來研究的學科，那麼，心理學、社會學，甚至歷史都可以稱為科學。科學的好處就是公開經驗證據和研究程序，讓其他人檢視；科學也可以通過控制，減低觀察和解讀時所產生的錯誤，在這方面，自然科學比社會科學優勝，例如物理學家可以在實驗室工作，將其他外來因素的影響減到最低，但人類社會就很難這樣控制；還有就是科學語言的精確性，排除了歧義和含混，在這方面，自然科學亦比社會科學優勝。

的確，科學是我們獲取知識的可靠方法，但甚麼是科學方法呢？有人說是歸納法，最早提出歸納法的是亞里士多德，從觀察歸納出普遍性的知識；但如果我們以現代科學的標準來看，亞里士多德並沒有量化的研究（因為沒有應用數學），也沒有做實驗，而數學的應用和實驗正是現代科學的特色，例如伽利略就是用實驗推翻了亞里士多德的自由落體理論（參下文），並且將自由落體定律陳構成一條數學公式，牛頓也是使用了微積分來建構他的物理學。這樣看來，觀察、歸納、實驗和數學計算都是科學的方法；不過，我認為假設演繹法才是科學方法的核心。

占星學也是研究自然現象，這是否科學呢？

1. 假設演繹法

假設演繹法，顧名思義，包含了假設和演繹法兩部份，雖然説是演繹法，但其實假設演繹法的本質是歸納法。我們可用以下的例子為類比來解釋甚麼是假設演繹法。

假設

所有人會死。 **演繹推論**

張三是人。

因此，張三會死。

這是演繹論證，第一個前提「所有人會死」是一個假設，説它是假設的原因是我們沒有確實的證據證明它百分之百是真的，但我們是有理由接受這個假設，因為它是歸納出來的，由過往的人都會死這些事實歸納出「所有人會死」這條普遍定律，加上「張三是人」，就可推論出「張三會死」這個結論。雖然有些科學理論的假設是歸納而來，例如氣體定律，但亦有不少科學理論的假設不是靠歸納得來，而是創造出來，想像出來的，例如牛頓物理學的假設和愛因斯坦相對論的假設都不是靠歸納得來，而是科學家憑靈感創造出來的。所以，當我們説假設演繹法是歸納法時，並不是指假設是由歸納而來，而是指假設是否成立最後也要依靠經驗的印證，得到歸納上的支持。

假設演繹法也展示出科學研究的步驟，科學的研究不是漫無目的，首先是源於具體的問題，繼而確定了研究的題材和方向，例如牛頓看見蘋果落地而提出問題：「為甚麼蘋果是掉在地上，而不是飛上天空？」接着我們要作初步的假設，初步假設是對於問題的嘗試性回答，然後着手搜集相干的資料，經過分析之後正式提出假設去説明這現象，有時資料經過分析後就可馬上推翻初步假設，例如我有一個初步假設，就是患心臟病的人跟其喜歡的顏色有關係，根據這個假設，我就去搜集相干的資料，即是觀察心臟病患者喜歡甚麼顏色，但很快就發現兩者根本沒有關係。由正式假設可以演繹出一些可觀察現象的命題，我們就憑着這些可觀察的現象去印證或否證這個假設，如果經驗證據是反例的話，假設就被推翻，我們要再提出新的假設，依靠試錯法，直至找到一個妥當的假設去説明這種現象為止，但當有新的經驗證據（作為反例）出現的時候，這個假設仍有被推翻的可能。

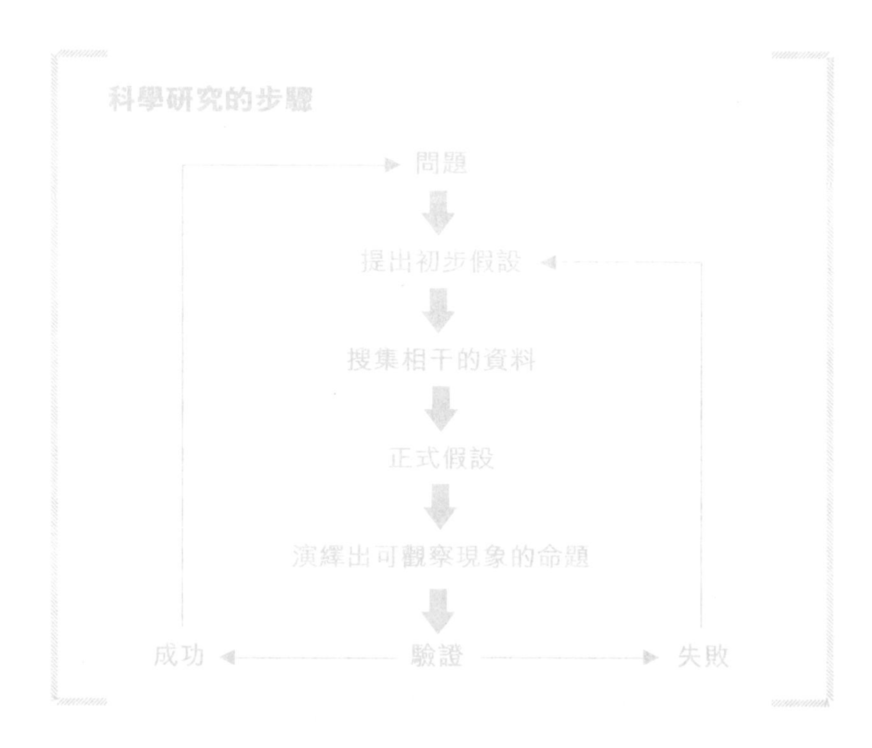

現在讓我們用一個實例解釋科學研究的步驟，在 1844 到 1848 年間，維也納綜合醫院出現了一個難解的現象，就是第一產科和第二產科的產婦因染上褥熱病而死的數目有很大的差距，第一產科的死亡率高於第二產科很多，為甚麼呢？這就是當時醫生面對的問題，一個合理的想法就是兩個產科的差異所造成的，究竟這個差異是甚麼呢？有醫生猜測跟膳食有關，但很快就發現兩個產科的膳食沒有甚麼分別，這個初步假設被推翻；也有醫生猜測是心理因素，因為第一產科的末期病房沒有獨立門口，為末期病者祝福的神父要經過第一產科的五個病房才可進入末期病房，而且為神父引路的小孩會一直搖鈴，可能就是這樣影響了第一產科產婦的心理，以致死亡率偏高，為了驗證這個假設，於是醫生讓神父繞過其他病房進入末期病房，也叫小孩不要搖鈴，但因染上褥熱病而死的比率仍然一樣，這個假設也被推翻。如是者經過了好幾次的猜測和反駁，後來發生了一件事，就是一位醫生意外地被手術刀割傷，染上褥熱病而死，於是有人猜測褥熱病是由於血液污染所造成，而這把手術刀是醫科學生用來解剖屍體的，他們也負責第一產科的接生工作，第二產科的接生則由助產士負責，於是假設醫科學生解剖屍體時接觸了細菌，然後在檢查或接生時傳染給產婦，因此提議在解剖屍體後要加強消毒，第一產科染上褥熱病的個案也下降了，問題得到解決。

從這個例子可見，由假設推論出可觀察的命題和驗證假設都是一理性和客觀的程序，但提出假設則有猜測的成份，非完全理性，要依靠想像力和創造力。

猜想與反駁

假設：用猜想提出假設（屬於創意思考）

↑

驗證：用實驗檢證或反駁假設（屬於批判思考）

為甚麼愛因斯坦說想像力比知識更重要？

2. 科學說明

由假設演繹出可觀察現象的命題這一步叫做「科學說明」，也稱為演繹律則說明模式：

普遍定律—— L1, L2, ……Ln 先行條件—— C1, C2, ……Cn	說明項
∴ 事件—— E	被說明項

科學說明包括兩部份：說明項和被說明項，被說明項是由說明項演繹推論出來。如果那個事件（被說明項）已經發生了，就叫做說明了那個事件，如果那個事件還未發生，我們就說預測了那個事件。換言之，科學說明和科學預測的結構是相同的。

我們可以用以上同一個類比來解釋這個說明模式，「所有人會死」類似普遍定律，而「孔子是人」則充當先行條行，兩個前提合在一起就構成說明項，說明了「孔子會死」這個事件。

我們也可以用科學理論的例子來解釋，伽利略的自由落體定律是用來反駁亞里士多德的理論，根據亞里士多德的說法，一個物體跌下地面所需的時間跟這件物體的重量有關，越重的物體所需的時間就越少；但伽利略認為一件物體的重量跟它到達地面所需的時間根本是不相干的，根據伽利略的自由落體定律，一個物體從高處掉下來所需的時間可以表述為以下的數學公式：

嚴格來說，這必須在真空的環境下進行，並且物體的原初速度等於零。

$$S=ut+1/2at^2,\ u=0,\ \therefore\ S=1/2at^2$$

假設一件物體距離地面有 20m，我們就可根據這條公式計算出物體到達地面所需的時間。

$S=1/2at^2$ ——普遍定律	}	說明項
$S=20m$ ——先行條件		
∴ $t=2sec$ ——事件	}	被說明項

我們可用普遍定律 $S=1/2at^2$，加上先行條件 $S=20m$，來說明或預測這件物體到達地面所需 2sec 這個事件。

除了演繹律則說明模式之外，我們還有概然性律則說明模式：

概然性定律——— P1, P2, P3,……Pn
先行條件———— C1, C2, C3,……Cn } **說明項**

∴ 事件———— E **被說明項**

例如我們經過研究調查，發現長期食鹹魚有八成機會患上鼻咽癌，那就可歸納出一條概然性定律作出預測：

長期食鹹魚的人有八成機會患上鼻咽癌。———概然性定律
李四長期食鹹魚。———先行條件

因此，李四有八成機會患上鼻咽癌。 ———事件

要注意的是，有時我們可能會碰到完全相反的概然性預測，比如說另一個研究調查得出了「50 歲人士有八成機會不會患上鼻咽癌」這個概然性定律，碰巧李四也是 50 歲，那就可作出以下的預測：

五十歲人士有八成機會不會患上鼻咽癌。———概然性定律
李四是五十歲。———先行條件

因此，李四有八成機會不患上鼻咽癌。 ———事件

要判斷那個預測比較可信的一個方法是訴諸我們已有的知

識，例如我們知道鹹魚有致癌物質，於是判定第一個預測比較合理。當然，一個更合理的做法是再做一次研究調查，對象正是長期食鹹魚的 50 歲人士。

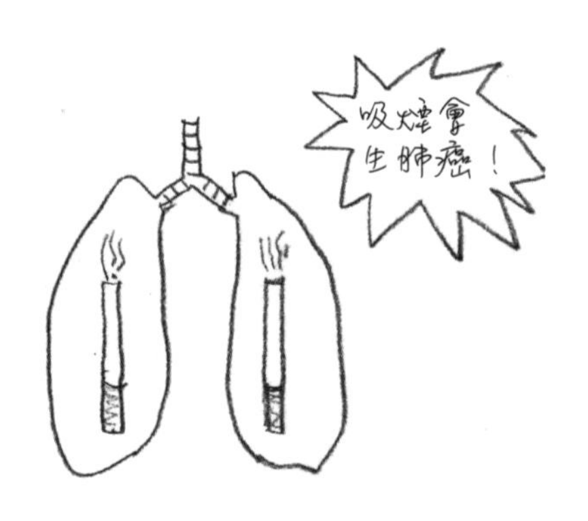

如果用追求普遍定律作為是否科學的標準，那麼恐怕社會科學和歷史學尚未達標；因為到目前為止，在這些領域我們還沒找到可以跟自然科學相提並論的普遍定律，社會科學裏只有概然性定律，而且只適用於一時一地，普遍性就更低。有人主張尋找普遍性定律正是社會科學和歷史學的努力方向，但我認為歷史和社會現象並不存在類似自然現象的普遍定律，其中一個原因是變數太多，另一個原因是人事現象跟自然現象有一個重要的分別，那就是研究者跟研究對象是同一個層次，所以預測本身會直接影響預測的結果，導致所謂「自證式預言」及「自殺式預言」。例如一位聲望很高的經濟學家預測樓市將會大跌，但其實他忽略了一些很重要的因素，以致預測是錯誤的，可是，由於他的聲望太高，很多人都相信他的預測，紛紛放售手上的物業，結果導致樓市大跌，這就是自證式預言。

甚麼是「自殺式預言」？請舉例。

我認為社會科學和歷史學的特性是提供「解釋性」的知識，讓我們理解社會和歷史現象，繼而了解自己；自然科學則不同，其特性是提供「說明性」的知識，旨在找出可用來預測的定律，有利於控制。以馬克思的理論為例，雖然很多預測都落空，換言之，在提供「說明性」知識方面是失敗的；但馬克思的理論卻可提供理解社會和歷史現象的角度，加深我們對自身處境的了解。

雖然在社會科學和歷史學中沒有普遍定律，但假設演繹法還是可以用的，就是用來找尋個別的事實，例如假設歷史的真相如此，然後演繹出一些可觀察的命題，這一樣有驗證性。其實歷史學家在求證方面，無論態度和方法上，跟自然科學都有相通的地方。由此可見，除了以上兩種科學說明模式之外，還有第三種，那假設不是定律，而是說明某現象出現的原因，例如說明宇宙如何產生的大爆炸理論、說明物種多樣性的進化論等，這些理論不同於以上所講的科學定律，不能作出預測，只能說明過去的事件為甚麼會發生。

兩種科學說明

1. 律則性說明，有預測能力。
2. 非律則性說明，沒有預測能力。

3. 科學假設的驗證性

即使科學定律得到充份經驗的支持，但嚴格來說，科學定律永遠都只是假設，因為它不可能百分百被證明為真，現在就讓我們再詳細解釋這點。我們可用「P」代表說明項，「Q」代表被說明項，由說明項推論出被說明項可以寫成「如果 P 則 Q」，假使 Q 所代表的事件真的發生了，我們只能說 Q 印證了 P，卻不能說 Q 檢證了 P，意思是不能確定 P 一定為真，因為以下的論證形式是不對確的：

如果 P 則 Q

Q

∴　P

但如果 Q 所代表的事件並沒有發生，即是非 Q，我們就可根據非 Q 來否定 P，因為這個論證形式是對確的：

如果 P 則 Q
非 Q

∴　非 P

由於科學理論有被否證的可能，所以我們說科學定律只是假設——假設為真，當經驗證據能充份推翻原有科學定律的時候，就有機會讓新的科學理論出現，說明舊有理論所不能說明的東西，而知識增進的其中一個途徑就是依靠不斷否證舊有的科學理論，例如伽利略推翻了亞里士多德的自由落體定律，我們的知識又增長了一步。

這樣說來，一個反例就能推翻一個科學理論；當然，實際的情況並沒有這樣簡單。試想想我們讀中學時所做的實驗，實驗結果往往跟理論所預測的不同；但其實是我們做錯了實驗，而不是理論有錯，因為這些理論已被科學家重複做實驗印證了很多次。即使我們真的確定這個實驗結果是反例的話，但科學家通常都不會立刻去修改這個科學理論，因為未必是普遍定律有問題，也有可能是先行條件出錯，或有些未知的因素影響了結論，先行條件涉及很多東西，包括儀器沒有損壞、讀數正確、實驗的程序沒有出錯等。

雖然由非 Q 可以推論非 P，但 P 其實包括了兩部份，就是普遍定律和先行條件，為方便說明，現在只有一個普遍定律 L 和一個先行條件 C：

非 P = 非 (L 並且 C)

= 非 L 或者 非 C

由此可見，錯的不一定是普遍定律，也可以是先行條件。舉個例，最初科學家只知道太陽系有七大行星，並不知道有海王星和冥王星的存在，而在計算天王星的軌道時出現偏差，但科學家並不會立刻宣判牛頓物理學被推翻，因為它是一個說明能力良好的理論，於是他們加入了一個輔助假設——有海王星存在，使計算出來的結果跟實際觀察的一樣。當然，是否有海王星這個星體存在還有待證實，而海王星正是因此而被發現。

簡言之，科學是一套能夠提供預測的客觀程序，並且預測可以驗證，其他人依照這個程序，也可以得到相同的結果。自然科學的效力實在太大，所以很多人都喜歡用科學來包裝，就連算命和風水也用科學來比附，以提高身價。看相的會說因為用了統計學，所以是科學，但從來沒有交代統計的數據；看風水的也會說是根據磁場理論，所以是科學，但究竟是怎樣的磁場理論呢？卻沒有解釋清楚。雖然風水和算命都有一套預測的方法，但我很懷疑這是否一套客觀的程序，因為使用同一個理論的算命師，所預測的結果往往不同。還有，這些所謂預測又多是含混的，例如說你來年有破財之災，一年是頗長的時間，由遺失銀包、賭博輸錢、投資失利到破產，都可以說是符合預測，欠缺了科學預測的精確性。更要命的是，即使這些預測經常落空，但卻不會推翻或修正這些理論，因為風水師和算命師總會自圓其說。換言之，這些風水和算命理論正缺乏科學的可否證性，根據波普的説法，這就是偽科學，不是科學卻自稱為科學的東西，除了算命和風水之外，也包括了某些心理學和社會學，就以知名的心理學家佛洛依德（Sigmund Freud）和阿德勒（Alfred Adler）為例，佛洛依德將人的所有行為都歸因於性慾，心理問題是性抑壓，藝術創作則是性昇華；而阿德勒則將人的所有行為歸因於自卑，不幫助人是源於自卑，幫助人也是源於自卑。其實這些不被任何可能經驗證據所推翻的說法，已經變成了第一章所講的空廢命題。

當算命師的預測落空時，他如何自圓其說呢？

4. 評估科學假設的標準

經驗證據可以用來印證科學假設，換言之，要評估一個科學假設的可接受性，經驗證據是一個很重要的標準。我們一般講的科學理論得到證實就是指科學假設得到歸納上的支持，例如伽利略的自由落體定律就得到充份經驗證據的支持。我們可以將歸納上的支持歸入説明性這個標準，説明性亦即是預測性，預測的量和質（精確性）越高，假設就越好。除了説明性之外，要評估一個科學假設的可接受性還有其他標準，如融貫性、簡單性、關聯性和豐富性。

評估科學假設的五個標準

1. 説明性
2. 融貫性
3. 簡單性
4. 關聯性
5. 豐富性

融貫性有兩個意思，一個是一致性，即沒有自相矛盾，另一個是互相支持；融貫性不單是指理論內部沒有自相矛盾和互相支持，也包括其他理論和經驗事實，其中最重要的是演繹上的支持。甚麼是演繹上的支持呢？就以月球上的自由落體定律為例，雖然沒有人在月球上做過自由落體的實驗，完全缺乏歸納上的支持，但月球上的自由落體定律可以由牛頓物理學推論出來；換句話說，它得到良好的演繹上支持。由於牛頓物理學本身有極佳的說明能力，所以月球上的自由落體定律也是成立的。

當兩個科學理論的說明能力大致相同的時候，接受何者可以訴諸簡單性原則，例如科學史上有名的「日心說」和「地心說」之爭，當時科學界之所以接受日心說就是因為它較地心說簡單得多。簡單有幾個好處，第一，易於應用；第二，複雜的理論需要更多的證據支持；第三，簡單性有利於我們建立統一的理論。不過，簡單性是否合理的判準，在哲學界仍有爭議，未有定論。

至於關聯性，是指說明項和被說明項兩者的關係，例如我們發現夏天時雪糕的銷量和遇溺的人數都很高，以下有兩個假設解釋這個現象：

假設 1：吃了雪糕很容易遇溺。

假設 2：夏天多了人吃雪糕，也多了人去游泳，
遇溺的機會亦增加。

若比較這兩個假設，當然是假設 2 能合理地說明「雪糕銷量」和「遇溺人數」兩者的關聯性。至於豐富性，就是指這個假設或理論能應用到其他領域，例如諾貝爾得獎人拿殊（John Nash）的經濟理論可以應用到進化論，解釋物種如何增強適應環境的能力。

5. 概率與統計

前面提過，科學説明中有一種概然性律則説明模式，由概然性定律推論出某件事發生的機會。概率就是指一件事發生的可能性，通常以 0 到 1 來表示，0 即是不會發生，1 表示一定會發生。概率主要分為先驗和後驗兩種，以「擲公字」（擲硬幣）為例，公（正）和字（反）出現的機會均等，概率都是 0.5，這是先驗概率，當然，我們也可以「驗證」一下，如果有大量擲公字的事件，那麼公或字的出現的概率都會趨向 0.5，這就是後驗概率，也稱為頻率，即某類狀況在一系列重複事件中出現的機會率。還有第三種概率，比如説核電廠出現洩漏輻射的機會率是十萬分之一，但它的意思並不是根據過往的經驗，十萬間核電廠就有一間洩漏輻射，而是將一系列跟洩漏輻射有關的因素加起來，建構成一條公式計算出來的；但問題是，即使是專家，對於甚麼是相關因素會有不同的看法，也就會產生不同的計算公式。

明白了概率的原理，就可以糾正很多日常的偏見，例如小時候，父親經常要我給他選六合彩的號碼，有時覺得麻煩，就隨便説：「1、2、3、4、5、6。」誰知他竟然説這樣不會中彩，他認為應該有兩個小號碼、兩個中號碼及兩個大號碼。但六合彩攪珠是隨機的，每一次攪珠都是獨立事件，不會受之前的攪珠所影響，理論上（先驗概率），任何一組號碼的中彩的機會都是一樣，以為號碼必須平均，不過是錯誤的主觀信念影響了原本是客觀的判斷。

中學時有一位同學跟我是同年同月同日出生，初時我覺得非常巧合，還以為機會率很低，後來學了概率，才知道機會率其實不低。首先，同一班學生，大部份都是同一個年度出生，這沒有甚麼出奇，又假設一班有 30 位學生，其中 2 人同日出生的機會率其實很高，其計算如下：

在 n 人中沒有 2 人有相同生日的機會率 = 365/365 x 364/365 x⋯(365-n+1)/365

而 n 人中有 2 人有相同生日的機會率 = 1-〔365/365 x 364/365 x⋯(365-n+1)/365〕

n = 30

2 人有相同生日的機會率是 0.7063，換言之，有七成機會一班 30 人之中有 2 人是同一日出生，那麼，反而沒有人是同一日出生才出奇。

思考題： 六合彩有 49 個號碼，任何一注中頭獎的機會率是多少？

生活在現代社會，每天都有很多資訊，有不少是以統計數字的形式出現的。面對統計數字，第一步是先確定這些數字的來源，是不是有人虛構出來，如果真是研究調查得來的話，就要看看是實質的數字，還是基於樣本概推而來；如果是後者的話，就要檢查一下有沒有以偏概全的問題，即樣本的數量是否充份，選取的樣本有沒有偏差，以及有沒有已知的遺漏，這些我們在第二章的概推論證已討論過，在這裏我們會談談另一些有關統計的思考問題。

不少統計數據是來自問卷調查，有幾點我們要注意的。首先，很多人都不願意做問卷調查，而那些願意回答的人可能是某種類型的人，這樣調查就會有偏差。其次，我們也要留意問卷調查是如何進行，舉個例，消費者委員會經由其刊物《選擇》發出了問卷，而回答問卷的人當然就是其刊物的讀者，亦即是那些較關心消費權益的人，樣本可能也會有偏差。另外，就是有關問卷的內容，對於一些敏感的問題，例如：「收入多少？」受訪者未必會如實作答；即使問題是關於受訪者，但本人可能也不清楚，例如：「每年看了多少次電影？」結果可能是隨便回答；還有，留意問題有沒有混入不適當的預設，即混合問題，[1] 也要小心問題有沒有引導性，例如「對於那些兇殘的殺人犯，

---

1 見本書第四章 5.2 節。

你是否贊成判處死刑呢？」

檢視問卷調查

1. 統計數字是實質數字，還是基於樣本概推？
2. 調查樣本有沒有偏差？
3. 有沒有混合問題或引導性問題？

統計的主要作用是將資料整理為數據，憑着這些數據，我們就可對整體有所了解，但無可避免地遺漏了一些信息，或許會造成誤導。在統計方面最容易出現的謬誤是「片面引導」，那就是刻意隱瞞一些重要的信息，造成誤導。隱瞞基數就是一種常見的誤導手法，例如廣告商宣稱某個產品的銷售量比去年上升了 100%，成為全港同類產品的銷量上升冠軍，但實情可能是這產品去年的銷量只有 10 個，今年則是 20 個，實質的銷量只是多出了 10 個，但也可以說是有 100% 的增長，20-10/10 × 100%。

思考題：

由 1984 年至 2012 年，愛滋病感染者的總數為 5,783 人，其中有 40.9% 是異性戀者，有 29.6% 是同性戀者，有 4.1% 是雙性戀者，這是否表示異性戀者感染愛滋病的機會大於同性戀者呢？

另一個常見的誤導是混淆了絕對值的變化和相對值的變化，比如說去年領取綜援的人佔全港人口 10%，今年是 12%，可以說是上升 2%，這是絕對值的變化；但如果政府要誇大領取綜援上升的嚴重性，就會用相對值的變化，說上升率增加了 12-10/10×100%，即 20%。

平均數也是一個容易被利用作誤導的統計概念，比如說地產經紀告訴你這個單位的尺價（平均每平方英尺售價）是 13,000 元，而這個區的單位平均尺價則是 15,000 元，低於平均尺價，令你覺得「抵買」，但真相是經紀推銷給你的單位屬於舊式樓宇，而舊式樓宇的平均尺價只是 12,000 元。

在統計學中，平均數只是「平均值」的其中一種計算方式，還有兩種計算方式，就是中位數和眾數。平均數即是一般我們講「平均」的意思，就是將所有數值加起來，然後除以數值的數目，例如全班有 100 個學生，將他們的成績加起來，再除以 100，得出來的就是成績的平均數。中位數是將所有數值從高到低排列出來，然後取中間的數值作為平均值，如果在 100 個學生的成績當中，中位數是 70 分的話，即是有一半學生的分數高於 70 分，有另一半學生的分數低於 70 分。至於眾數，那是將所有數值列出來，並計算不同數值的數目，數目最多的數值就是眾數，例如在這 100 個學生當中，如果最多人拿取的分數是 60 分的話，那 60 分就是眾數。由於平均值有三個不同的意思，這樣就很容易產生概念混淆的問題，例如有些地方的政府為了隱瞞貧窮問題的嚴重性，在計算收入的「平均值」時，用平均數代替中位數，使平均收入看起來很高。

思考題：香港政府對貧窮的界定是收入在中位數的一半以下，為甚麼用中位數界定貧窮會好過其他兩種平均值的計算方法呢？

平均值的三個意思

1. 平均值
2. 眾數
3. 中位數

6. 科學、迷信與宗教

常有人說：「科學破除迷信。」但甚麼是迷信呢？科學又如何破除迷信呢？有人認為，相信沒有科學根據的事物就是迷信，如果科學根據的意思是得到科學證明的話；那麼，相信特定數字會帶來不幸或好運固然是迷信，相信鬼神存在也是迷信，相信有死後的世界也是迷信，因為這些東西科學都沒有證明為真，那豈不是說所有宗教都是迷信嗎？

科學雖然重要，但也不可將科學的權威性無窮放大，以科學的標準來衡量其他知識，主張凡是不能驗證的事物都不可信，包括各大宗教所講的神靈和死後世界，這種主張叫做科學主義。更有甚者就是否定一切不能驗證的東西，視科學為唯一的真理，此可稱為科學迷信，跟宗教迷信屬同一層次。

我認為相信沒有科學根據的事不一定是迷信，因為科學並非我們信念的唯一根據，愛情也需要科學來證明嗎？當然，我們知識的最可靠來源就是科學，物理學家叫你不要把手指放入電插頭的孔，醫生說不要吃砒霜，你最好相信，否則就會得到「事實」的懲罰。也可以這樣說，相信已經被科學證明為假的東西就是迷信，例如相信《聖經》說地球只有幾千年的歷史，因為我們有充份的科學證據證明地球已有 46 億年的悠久歷史。

有人說現在的迷信其實是以前的科學，而現在的科學，到了將來就會被視為迷信。這種看法很有問題，模糊了科學和迷信的分別。不錯，科學是不斷進步，我們可以想像五百年之後的科學知識一定比現在進步得多，但由此不見得今天的科學知識就是迷信。科學的特性之一就是可否證性，也是科學和迷信的主要分別，缺乏可否證性就會淪為封閉系統，迷信與封閉是雙胞胎，例如漢代的陰陽五行思想衍生了讖緯之術，帶來極大的禍害。

梁啟超說陰陽五行的思想是中國迷信的大本營，你同意嗎？

有人認為，宗教和科學根本就不存在衝突，因為兩者屬於不同的領域，科學研究的是物質的世界，宗教則掌管精神的領域；也可以說，科學告知我們經驗事實，而宗教則是道德和價值的來源，科學和宗教各司其職，互不干涉。這種看法有一定的道理，但我認為未夠全面，因為宗教畢竟是站在死後世界的角度來指導我們現世的行為，死後世界的真相如何也是一個事實問題。

由於宗教所講的死後世界不能被科學證明為真，於是就有人判定死後世界是假的，其實這種推論正犯了訴諸無知的謬誤。[2] 真正跟宗教對立的不是科學，而是科學背後的某些哲學立場，例如唯物論，唯物論否認心靈能獨立於身體而存在，心靈只不過是腦部的活動而已，這樣也等於否定靈魂和死後的世界，但我們不一定要接受這種哲學立場。可是，現代科學滲透着唯物論的思想，也由於科學的成功，造就了唯物論的世界觀。對現代社會有極大影響力的思想家中不少都是唯物論者，哲學方面有尼采、政治學有馬克思、心理學有佛洛伊德、生物學則有達爾文。雖然馬克思、佛洛伊德和達爾文都宣稱自己的思想為科學，但真正能夠代表科學的其實是物理學，而物理學的最新課題有多次元宇宙和上帝粒子，我認為這些研究已碰到宗教所講的神秘領域。

其實早於 19 世紀末期，已有不少科學家嘗試用科學的方法來證明靈魂的存在，例如當時有一位科學家叫做威廉．克魯克斯（William Crookes），他借助靈媒的力量，召喚了一名叫凱蒂．金格（Katie King）的靈魂，並使之物質化，還拍了照片；著名的哲學家威廉．詹姆斯（William James）也對靈魂進行了研究；還有，另一位主張進化論的科學家叫做華萊士（Alfred Wallace），他也研究靈性現象，而他的進化論包含了靈性的進化。可是，這些靈性現象的科學研究被主流科學界所排斥。

我認為要放下宗教和科學是必然對立的想法，不要混淆科

2　見本書第四章 4.3 節。

學和對科學的哲學立場，除了科學主義和唯物論之外，還有一種哲學主張叫做邏輯實證論，盛行於 20 世紀初，邏輯實證論認為不能驗證的東西是毫無意義的，這樣不但宗教有關終極真相的陳述沒有意義，就連任何道德判斷或價值判斷都沒有意義。

跟宗教對立的三種哲學立場

1. 唯物論：宗教所講的神靈和死後世界全是假的。
2. 邏輯實證論：宗教的言論沒有認知意義。
3. 科學主義：宗教所講的不是知識，不應相信。

一般來說，若宗教對事實的陳述被科學否定的話，那麼我們應該相信科學，而不是宗教。不過，我認為首先要檢視是哪一種科學，因為不同科學的可信性其實大有分別，物理學的可信性就遠比生物學為高，也要檢視相關的證據，比如說，支持地球有 46 億歷史的證據就比支持進化論的證據充份得多。

其實天主教已經接受地球有 46 億的歷史，但天主教會否定神蹟嗎？有人認為，相信科學就要否定神蹟；問題是，科學與神蹟一定是對立嗎？雖然神蹟違反自然法則，但自然法則不過是根據過往經驗歸納得來，並沒有必然性，亦有被推翻的可能，或許存在更高層次的自然法則，可以用來解釋神蹟。就以處女懷孕為例，現在的科技不就是可以做到嗎？只要用人工的方法，將精子注入處女的卵子，就可令其懷孕，或者用複製的技術來進行單性生殖；說不定將來科學的進步也可以令人死而復生，那麼，「人死不能復生」這個自然法則就會被推翻。

可以驗證神靈的存在嗎？

最後，我想提出一個支持靈魂和死後世界存在的歸納論證。歷史上公認的四大聖哲之中，有三個都說有靈魂和死後世界的存在，他們就是釋迦牟尼、蘇格拉底和耶穌，三人都說了很多智慧之言和指導性的說話，根據歸納法，他們斷言靈魂和死後世界的存在也是可信的。試想想，釋迦牟尼說法多年都是在欺騙大家嗎？他有甚麼得益呢？耶穌為了傳道而不惜犧牲生命，也是在弄虛作假嗎？蘇格拉底在臨死前還給學生和朋友說明靈魂轉世的意義，這個自稱無知的人為甚麼會說得那麼肯定呢？至於他們如何知道死後的世界，我相信他們具有特殊的能力，打個比喻，盲人應該相信正常視力的人的判斷，我們也應該相信這些大智慧者的說話（最大的智慧就是善於吸取他人的智慧）。

謬誤是甚麼？一般人所理解的謬誤跟邏輯書或批判思考講的有很大的分別，

從思方學的角度看，謬誤即是錯誤的思維方式，[1] 而一般人所講的謬誤其實是指普遍性的錯誤，有些人喜歡用「××謬誤」為書名，比如說「愛滋病的十大謬誤」，但所講的謬誤並非思維方式的錯誤，而是有關愛滋病知識上的普遍性錯誤；那麼，為甚麼不叫「愛滋病的十大錯誤」呢？我猜想原因是「謬誤」在心理上有震懾的效果，這不是一般的錯誤，而是謬誤，好像嚴重很多似的，這種用法是由「謬誤」的原意引申出來，就如「邏輯」一樣，一般人喜歡將不合理的東西批評為「不合邏輯」，這也是「邏輯」的引申義，「合乎邏輯」的原意只是正確的推論或沒有自相矛盾而已。

謬誤 = 錯誤的思維方式

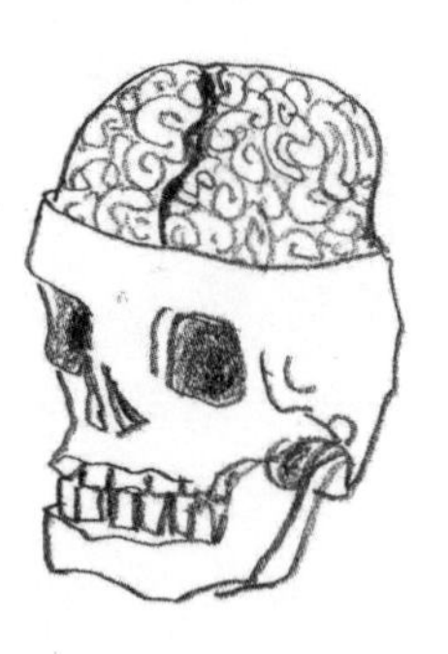

1 這個定義來自李天命，見李天命著，《哲道行者》（香港：明報出版社，第七版，2005 年 8 月），頁 127。

很多詭辯都是謬誤，所以認識謬誤也有助我們破解詭辯，簡單來說，詭辯就是欺騙人的推論，而不少邏輯書都會將「謬誤」定義為「錯誤的論證」，雖然大部份謬誤都是錯誤的論證，但仍有少部份的謬誤不是論證，例如自相矛盾、混合問題和離題等，自相矛盾只是一句話，沒有前提和結論，那自然不是論證；混合問題本身是問題，連命題都不是，更加不可能是論證；至於離題，可以是推論，也可以不是推論，那視乎離題的手法而定。由此可見，將「謬誤」定義為「錯誤的思維方式」較為恰當。

一般邏輯書會將謬誤分為「形式謬誤」和「非形式謬誤」兩大類，形式謬誤即是第二章講的不對確論證；至於非形式謬誤，就有不同的分類的方法，我比較贊成「四不架構」，[2] 每一類都是由「不」字開始，分別是不一致、不相干、不充份、不當預設，可按這個次序檢查言論是否犯了謬誤。

---

2 四不架構來自李天命，見李天命著，《哲道行者》（香港：明報出版社，第七版，2005 年 8 月），頁 128。不過，在這裏對於個別謬誤的歸類就跟李先生不同，例如在李先生的分類架構中，形式謬誤沒有獨立出來，而是歸入不充份的謬誤。

除了不一致這類謬誤外，其餘三類大部份都是錯誤的推論，在第二章我們討論過評價論證的兩個步驟，第一步是前提對結論的支持，第二步是前提的真假，不相干和不充份謬誤對應第一步，而不當預設謬誤則對應第二步。不相干謬誤的問題是前提跟結論不相干，不充份謬誤的問題是前提不能充份支持結論；至於不當預設則是預設前提為真，但這是不恰當的，所以也是錯誤的推論。

謬誤和語害有甚麼不同？

1. 形式謬誤

形式謬誤即是不對確的論證形式，辨認形式謬誤很重要，因為一旦發現了論證形式不對確，就知道推論不成立，根本不需要理會論證的內容，這就可節省不少時間，有時具體內容可能會產生心理上的關聯，影響我們的判斷。理論上，不對確的論證形式是無限的；不過，在日常生活中，常見的形式謬誤只有幾個。在命題邏輯中，常見的有三種：肯定後項、否定前項、假值傳遞，前兩者在第二章已討論過，現在不妨重溫一下。

1.1 肯定後項

肯定後項的謬誤的論證形式為：

如果 A 則 B

B

∴　A

例如：

如果全球暖化真的發生，則北極的冰山會融化，
北極的冰山正融化；因此，全球暖化真的發生了。

1.2 否定前項

否定前項的謬誤的論證形式為：

如果 A 則 B

非 A

∴　非 B

例如：

如果針灸會令人生病，則嘗試針灸是愚蠢的，
針灸不會令人生病；因此，嘗試針灸不是愚蠢的。

1.3 假值傳遞

假值傳遞的謬誤的論證形式為：

如果 A 則 B

∴ 如果非 A 則非 B

A 代表前提，B 代表結論。很多人以為由「如果前提真則結論真」可以推論出「如果前提假則結論假」，但這個推論是錯誤的，例如：

如果我勤力則會成功；因此，如果我不勤力則不會成功。

2. 不一致的謬誤

不一致的謬誤有三種，自相矛盾、自我推翻及雙重標準，全部都不是推論，是非推論的謬誤。當然，不一致的說法也可能出現於前提之中，那麼，前提就是必然為假。

2.1 自相矛盾

自相矛盾是同時肯定及否定一個命題，例如：

我考試合格並且我考試不合格。

具有「A 並且非 A」這個形式，自相矛盾是邏輯上不可能，必然為假。但通常「A 並且非 A」是隱藏的，需要分析才能指認出來，例如：

我不是討厭你的行為，但不喜歡你這樣做。

「不喜歡」是甚麼的意思呢？原來就是討厭，換言之，那就是「我不討厭你的行為，但討厭你這樣做。」

要注意的是，一些表面上有「A 並且非 A」這個形式的言論不一定是自相矛盾，因為兩個 A 的意思並不相同，這是歧義，例如：

這個人不是人。

第一個「人」是生物意義下的人，第二個「人」則是道德意義下的人。

乖時光機回到過去是否邏輯上可能？

2.2 自我推翻

自我推翻的意思是這句話本身就足以推翻自己，例如：

一切都是相對的。

如果一切都是相對的，這句話本身也是相對的，也不一定是真的，自己推翻自己。又例如：

不應將自己的價值觀強加於人。

叫人「不應這樣做」就已經是價值判斷，將自己的價值觀強加於人，自我推翻。

以下這些話都是自我推翻的：

1. **為免交通擠塞，請全港市民提早半小時上班和上課。**
2. **跟他人吃飯有一個守則，每個人都要遵守，就是要等其他人先起筷才可以吃。**
3. **我是啞的。（開口說話）**

由於自我推翻的謬誤包含了自我指涉，那麼，不講自我指涉的話，不就是可以消除這種謬誤嗎？

2.3 雙重標準

很少邏輯書會提及「雙重標準」這種謬誤，有趣的是，雙重標準卻是經常被人用作批評的「武器」，然而，這又是一個不容易判定的謬誤。首先，並不是凡事用了兩套標準對待就是雙重標準，例如我只送花給自己太太，不送花給別人的太太，也可以說是用了兩套標準對待身份是「太太」的人，但這並無不妥。此外，也不表示只用一個標準待人就沒有問題，例如我凡事都只考慮自己的利益，忽略他人的利益。

我認為，「雙重標準」可這樣界定：在同類的事件中，作出不同的判斷或有不同的對待，卻沒有給予充份的理由，結果導致不公平或傷害，例如：

女性不需要投票權，只有男性有投票權就足夠了，因為女性未結婚之前有父親代表她投票，結婚之後又有丈夫代表她投票。

只給男性投票權，明顯是對女性不公平；不過，只給 18 歲以上的人有投票權就沒有這個問題，因為 18 歲以下的人心智尚未成熟，當然，是否一定是 18 歲這可以討論，但設下投票年限則完全是合理的。

雙重標準往往跟歧視和不平等關連起來，但何謂「同類事件」及「充份理由」也常常是爭辯所在。例如在美國，警察截查黑人的次數比白人多，有人認為這是種族歧視；但警方可以辯稱黑人社區的犯罪率較高，或黑人的街頭犯罪率較白人高，所以截查黑人的次數也較多。

思考題：政府會在 Band 1 中學預留一些學位給男生，因為小六女生的腦部發展比男生成熟，所以女生一般的成績都比男生好，政府指這樣做就是了保障男生的利益。這是否雙重標準呢？

3. 不相干的謬誤

大部份不相干的謬誤都是錯誤的推論，錯誤的原因是前提跟結論沒有關係，前提對於結論的支持等於零。雖然前提和結論沒有邏輯上的關係，但容易使人產生心理上的聯繫，其實這是政治和廣告宣傳的常用的伎倆，例如以下這則政治宣傳：

我們應該保護環境。
我們應該關注弱勢社群。
我們應該守法。
我們應該致力維護和平。

因此，你們要投票支持我。

犯不相干謬誤的心理根源：
1. 傾向注重前提的真假
2. 忽略前提和結論的邏輯關係

3.1 訴諸權威

訴諸權威的謬誤不表示任何情況訴諸權威都是謬誤，例如有病看醫生，功課不明白問老師，都是訴諸相干領域的權威，這是沒有問題的；訴諸權威的謬誤是指誤用權威，或訴諸假權威，例如：

醫學會説安樂死是不道德的，因此安樂死不可以合法化。

醫學會是醫學界的權威組織，但其權威性只限於醫學方面的知識，現在的論題是道德領域，這根本沒有權威可言，道德判斷必須交代理由。

又例如：

牛頓説上帝存在，因此上帝存在。

牛頓是物理學的權威，但他主張的並不屬於物理學的領域，而事實上，我們也沒有所謂研究上帝的權威，要支持上帝存在，也必須提出理由。

3.2 訴諸人身

訴諸人身的意思根據人身因素如動機、地位、階級、職業、種族、性別等來判斷論者的說話是否成立，例如：

他的動機不好，所以他的話一定是假的。

訴諸人身通常是攻擊某人的人身因素，當作是攻擊他的論點，所以又叫做「人身攻擊的謬誤」，用中國人的講法，那就是因人廢言。又例如：

星星大師說墮胎是一種惡行，因為墮胎是殺人，就在受精那一刻，靈魂就進入了受精卵；但是作為宗教領袖，他一定是持這種立場，所以根本毋須理會他。

星星大師其實給出了反對墮胎的理由，那就是胎兒有靈魂，已經是人，所以墮胎就是殺人；不同意的話，就必須反駁這個理由，並不是攻擊他的身份。

攻擊對手的人身因素似乎是人天生的本能，看看小孩子爭論就會明白，最後一定牽涉對方的人身因素，例如本來是討論誰的對錯，但慢慢就會演變成比拼誰的父親了不起。要注意的是，「人身攻擊」跟「人身攻擊的謬誤」是不同的，人身攻擊是純粹攻擊人身因素，而人身攻擊的謬誤則是以攻擊人身因素為「理由」來攻擊此人的論點。

人身攻擊：「他是同性戀者，十分噁心！」

人身攻擊的謬誤：「他是同性戀者，十分噁心！因此他說的話都是錯誤的。」

訴諸人身的心理根源：

1. 本能性
2. 攻擊性

甲說：「他的說話不可信，因為他經常說謊。」甲是否犯了訴諸人身的謬誤呢？

3.3 訴諸群眾

訴諸群眾的謬誤即是我們平時講的人云亦云，羊群心理，由多數人說是如此便認定如此，缺少自己的分析和判斷。例如：

多數人認為同性戀是不道德，所以同性戀就是不道德的。

很明顯，多數人認為是對的未必是對，多數人認為是真的也不一定是真；但訴諸群眾有很強的心理根源，因為人要互相合作才可以生存，合群是人的天性，我們也希望得到別人的認同、接受、喜愛或尊重，這就是我們容易犯此謬誤的原因。

訴諸群眾也是一個合理化自己行為的藉口，例如：

這樣做有甚麼不對？人人都是這樣做！

訴諸群眾也是一種説服的方式，經常用於政治和商業宣傳，例如利用群眾或同輩的壓力，令你接受某種主張：

我們大家都支持工黨，你也應該支持工黨，否則就不夠朋友了。

商業廣告最善於利用人的虛榮心，例如：

只有成功人士才可以擁有這張白金信用卡，快來入會吧！

訴諸群眾的心理根源：
1. 合群性
2. 渴望他人認同

民主制度是訴諸多數決，是否也犯了訴諸群眾的謬誤呢？

3.4 類比謬誤

類比謬誤即是錯誤的類比推論，在第二章我們已討論過類比推論，類比推論屬於歸納法，推論沒有必然性，只有概然性，而類比謬誤正是前提跟結論沒有關係，概然性等於零，例如：

見到和尚就不要去賭錢；因為和尚是光頭，賭錢就一定會輸光。

以「光頭」推論出「輸光」，正是錯誤的類比。

要注意的是，類比除了推論之外，也可作解說之用，稱為類比解釋。例如：

孟子說：「水向下流，人性向善。」

孟子以水流有個方向為比喻，說明人性也有一個方向，但類比解釋只是將論點解釋清楚，並不可以用來支持論點。如果將類比解釋當作推論，不但會導致思考混亂，也很有可能犯類比謬誤。

有人會將弱的類比推論也算做類比謬誤，但我認為兩者是有分別的，在這裏類比謬誤是指前提對結論毫無支持，而弱的類比推論則是指前提對結論的支持很低，例如：

國家就像人，人沒有頭會死；因此，國家沒有皇帝就會滅亡。

類比謬誤的成因：

1. 傾向重視類比的相似性，忽略了此相似性跟結論的關係。
2. 將類比解釋當作類比推論。

思考題：「既然買鞋都要試穿一下，那就應該提倡婚前性行為。」這是類比謬誤嗎？

3.5 歧義謬誤

歧義謬誤在第一章已討論過，表面上是正確推論，實質是錯誤的，因為混淆了字詞的不同意思，例如：

政治抗爭的最好方法是靜坐，靜坐是修行；因此，政治抗爭的最好方法是修行。

這個論證好像具有以下的論證形式：

A 是 B
B 是 C

∴ A 是 C

表面上看，這是對確論證形式，但其實不是，因為兩個 B 的意思並不一樣，第一個「靜坐」的意思是坐下來和平抗議，第二個「靜坐」的意思則是冥想，以為是同一個意思就會導致錯誤的推論。

要注意的是，歧義不等於歧義謬誤，歧義是語辭有一個以上的意思，歧義謬誤則是錯誤的推論；說話有歧義雖然會產生混淆，但不一定是犯謬誤。

辨認歧義謬誤的要點

1. 注意推論所使用的字詞是否保持同一個意思
2. 釐清關鍵字詞的意思

3.6 離題謬誤

離題又叫做偷換論題，在討論的場合中，論者有意或者不自覺地改變了論題，離開了當時要討論的問題。為甚麼要離題呢？通常有兩種情況，一種是要迴避對手的批評，例如討論「疑犯引渡條例」的合理性，有贊成條例的人批評反對者是受人煽動或勾結外國勢力，其實這已經是離了題，因為我們應該針對贊成或反對疑犯引渡條例的理據作出討論，反對者的動機或原因在這裏是不相干的。當然，我不是說完全不需要理會反對者的動機或原因，當我們討論的是「為甚麼有那麼多人反對疑犯引渡條例？」這個問題時，反對者的動機就是相干的。由此可見，訴諸人身是一種常見的離題手法。例如：

他之所以批評我，其實是別有用心，意圖不軌。

將論題轉移到動機方面，避開了對方的批評。另一種情況是用離題來攻擊對手，例如：

記者問：「為甚麼政府不能解決住屋供應問題？」

官員答：「因為幫助市民置業並非政府的責任，這樣的要求太過份了。」

原本記者並不是問「為甚麼政府不能幫助市民置業？」官員將「解決住屋供應問題」轉換為「幫助市民置業」，接着批評這種要求無理，其實是扭曲對手的論點，然後攻擊之，故又稱為「攻擊稻草人的謬誤」。

4. 不充份的謬誤

在這裏，不充份的謬誤全部都是錯誤的論證，雖然前提跟結論是相干的，但不足以支持結論，當然，「充份」是有些含混，但這裏所講的不充份是明顯不充份。

4.1 以全概偏

一般來說，我們有一些做人做事的普遍原則，但亦有例外的情況，例如對於「殺人是不道德的」這個道德規則來說，自衛殺人就是例外，如果我們不理會例外情況，強行應用這些原則的話，就是犯了以全概偏的謬誤（又叫做「偶然謬誤」、「偶例謬誤」），例如：

行車超速是違法的，所以救護車也經常違法，因為在緊急情況下常常超速。

又例如：

人擁有生命、自由和財產的基本權利，所以死刑、監禁和罰錢這些刑罰都必須廢除，因為這些刑罰正侵犯我們的基本權利，不是嗎？死刑侵犯生命權利，監禁侵犯自由權利，罰錢則侵犯財產權利。

基本權利雖然重要，但也不是絕對的，因為我們有理由使用這些刑罰。跟以全概偏（偶然謬誤）相反的謬誤稱為「逆偶然謬誤」。

逆偶然謬誤

1. 用例外的情況來推翻一般性的原則
2. 用特殊情況推論出普遍原則的不恰當

可以用「殺人是不道德」來反對死刑嗎？

「海洛英可以治病，所以應該廢除對海洛英的禁制。」這是偶然還是逆偶然謬誤？

4.2 以偏概全

以偏概全即是錯誤的概推論證，主要有兩種情況，一種是樣本不足，例如：

調查了 10 個香港中學的教師，其中 8 個沒有結婚；因此全港的中學教師有 80% 是未婚的。

只有 10 個人，樣本明顯不足。另一種情況是樣本沒有隨機性，例如：

80% 香港的大學教師沒有結婚，因此全港的教師有 80% 沒有結婚。

只調查了香港的大學教師，即使量是充份，但忽略了中學、小學和幼稚園的教師，樣本明顯沒有代表性。

以偏概全有其心理根源，一個是懶於求證，只根據幾個個例如此就作普遍的推廣；另一個是印證偏差，意思是我們傾向找尋支持自己信念的證據，忽略反面的證據。還有一種情況令我們容易犯這種謬誤，就是有時對等的反面證據不容易出現，以致被我們忽略，例如：

有一座教堂裏擺滿了那些遇上海難獲救信徒所捐獻的畫，於是教堂的神父説教徒祈禱獲救是上帝存在的證明。

但我們要問的是，那些同樣遇上海難也有祈禱，但沒有獲救信徒的畫在哪呢？

以偏概全的成因

1. 懶於求證
2. 印證偏差
3. 生存本能

4.3 訴諸無知

訴諸無知是由沒有證據證明 A 是真（或假），就推論出 A 一定是假（或真），例如：

沒有證據證明你沒有偷東西，所以一定是你偷東西。

很明顯，這是錯誤的推論。要注意的是，這種謬誤很多時是用「科學」來包裝，例如：

沒有科學證據證明使用流動電話產生的輻射會導致腦癌，因此使用流動電話不會導致腦癌。

要證明「使用流動電話產生的輻射不會導致腦癌」，必須有正面的證據。由此可見，那些動不動就用「沒有科學證據」來證明論點的人，也就是犯了訴諸無知的謬誤。

記得當年沙士（非典型肺炎）在香港爆發之前，政府官員在電視上説：「沒有證據證明沙士會爆發。」很多人以為這表示沙士不會爆發，其實是做了錯誤的推論，而政府官員也好像不需要為他有「誤導性」的説話負責任，所以下一次我們要學乖了，問：「有證據證明傳染病不會爆發嗎？」

思考題：法庭上，法官會說：「沒有證據證明被告有罪，因此無罪釋放。」法官是否犯了訴諸無知謬誤呢？

4.4 因果謬誤

因果謬誤就是錯誤的因果論證，主要有兩種情況，一種是倒果為因，例如：

懶惰學生的成績都很差，因此，要改善學生懶惰的方法就是給他高分。

學生是由於懶惰才導致成績差，並不是成績差才會懶惰，這是混淆了原因和結果。馬克思也犯了同一個錯誤，他以為廢除了私有制就可以消滅人的私心，其實私有制是結果，私心才是原因。

另一種是共因謬誤，兩類事件經常伴隨出現，未必表示它們就有因果關係，它們很有可能是由同一個原因所致，例如：

研究調查發現素食者多數長壽，因此素食會令人長壽。

要注意的是，很多研究調查的結果只顯示兩類事物有關聯性，但若由此推論出它們有因果關係就過於輕率，就以上例子而言，並不一定表示素食令人長壽，真相可能是注意健康的人較為長壽，並且多選擇素食。

根據調查，在學校裏，學生的座位跟黑板的距離越遠，他們的成績就越差，這是否表示兩者存在因果關係呢？

4.5 非黑即白

第一章已經介紹過非黑即白的謬誤，很明顯，由一個東西不是黑色，不能推論出它一定是白色的（但由一個東西是黑色，就能推論出它不是白色）。除了含混的字詞之外，另一個容易令我們犯這個謬誤的原因，就是處於一種不滿的情緒狀態之中，例如小時候媽媽總要迫我剪頭髮，不准許留長頭髮，那我就會發脾氣，說：

要剪就剪個夠！剃光頭好了！

有些人以為二分法就是非黑即白，其實要看的是二分是否恰當，不能一概而論，例如將人分為「男人」和「不是男人」就沒有問題。也有人混淆了非黑即白和訴諸無知這兩種謬誤，非黑即白是由不是 A，而推論出另一個極端 B，但 A 和 B 之間還存在其他可能性，例如「朋友」和「敵人」，不是朋友，未必就是敵人；至於訴諸無知，是由沒有證據證明 A，而推論出非 A，A 和非 A 並沒有中間形態，例如「朋友」和「不是朋友」。

容易產生非黑即白的原因

1. 字詞的含混
2. 憤怒的情緒

4.6 合稱謬誤

合稱謬誤是由部份具有這樣的性質而推論出整體也具有這樣的性質，例如：

每個人都會死，因此人類會絕種。

有人可能會混淆「合稱謬誤」和「以偏概全」，在前提方面，合稱謬誤所講的部份是「所有部份」，而以偏概全謬誤所講的部份是「小部份」；在結論方面，合稱謬誤所講的是「整體」，而以偏概全謬誤所講的是「全體」，例如：

合稱謬誤：「這支足球隊的每個球員的表現都很出色；所以，這是一支出色的足球隊。」

以偏概全：「這支球隊的其中一個球員表現很出色；所以，球隊的所有球員也一定很出色。」

兩個好人結婚所組織的家庭就一定美好嗎？

4.7 分稱謬誤

將合稱謬誤反過來就變成了分稱謬誤，由整體具有這樣的性質而推論出部份也所具有這樣的性質，例如：

人的身體是看得見的，而人的身體是由原子所組成；因此，原子也是看得見的。

有時同一個錯誤的推論既可解作分稱謬誤，亦可算做歧義謬誤，例如：

壞人越來越多，希特勒是壞人；因此，希特勒越來越多。

第一個壞人是整體，第二個壞人是部份，所以這是分稱謬誤；但亦可以說壞人有兩個意思，所以也可解釋為歧義謬誤。

4.8 片面引導

片面引導是指雖然所講的是事實，但並非事實的全部，以片面的事實造成誤導，商品廣告就經常使用這種手法，只講商品的優點，或以片面的事實吸引消費者，例如：

賣樓廣告：「只需 50 萬元就可做業主。」

50 萬元指的是首期，並沒有告知樓宇的實際價錢。
片面引導的一個常用手法就是「平均數」，例如：

香港人的平均收入並不低，可見貧窮的情況並不嚴重。

在一個貧富懸殊的地方，平均收入也可以很高，應該用中位數來計算收入的平均值。

請評論這段話「溫室效應令水位上升不是真的，因為冰山浮在水上，融化了也不會令水位上升，就像一杯放有冰的水，冰融化後，水位並沒有上升。」

5. 不當預設的謬誤

顧名思義，此類謬誤包含了不適當的預設，除了混合問題之外，其他都預設了前提為真，所以也可視之為錯誤的推論；但跟不相干和不充份謬誤中的錯誤推論不同，因為在不相干和不充份謬誤中，即使前提為真，也不能支持結論。

5.1 預設結論

預設結論就是預設結論為真，結論是有待證明，預設其為真明顯是不妥當，主要有兩種情況，一種是前提跟結論根本就是同一個意思，只是換了些字眼，用另一種方式說出來；換言之，預設前提為真也就是預設結論為真，例如：

出生率之所以這麼低，就是因為少了嬰兒出世。

只要稍為留意，就會發現這是政府官員回答問題的伎倆，例如：

記者問：「為甚麼失業率那麼高？」
官員答：「因為有很多人沒有工作。」

另一種情況是兜了一個圈子，最後還是用結論來證明結論，所以又叫做「循環論證的謬誤」，例如：

香港大學是香港最好的大學，因為很多傑出人士都是畢業於香港大學，何以見得？因為他們就讀的是香港最好的大學。

最近有一個活生生的例子：

某立法會議員：那些遊行示威的人一定是收了錢，證

據就是不收錢又怎會去遊行呢？

有時如果所兜的圈子太大，就不容易察覺謬誤的存在。

在邏輯上，我們當然可以由 A 推論出 A，但為甚麼這是謬誤（預設結論）呢？

5.2 混合問題

混合問題不是推論，而是問題裏面混入了不適當的假設，結果無論我們怎樣回答這個問題，都好像承認了原先的假設，例如：

為甚麼白人比黑人聰明？

這個問題正預設了「白人比黑人聰明」，很明顯，這是不當的預設。要注意的是，不是凡有預設的問題都是混合問題，關鍵在於預設是否恰當，如果預設恰當，那就不算是混合問題，例如，我問畢業的學生：「打算做些甚麼工作？」這個問題的假設是他們會找工作，而這個假設是恰當的，即使有學生根本不打算工作。

在日常生活中，混合問題相當普遍，尤其是雙方處於敵對的關係，混合問題就像一個陷阱，讓對手中招，容易跌入這個陷阱的原因之一是我們有急於回答問題的傾向，識破混合問題的關鍵正是分辨問題的預設是否恰當，一旦識別了，要破解混合問題就不困難，先不要急於回答問題，而是指出對方的問題有不當預設。

混合問題跟誘導性問題不同，誘導性問題是指問題本身會引導對方作出特定的回答，但兩者並不排斥，同一個問題，既是混合問題，也可以是誘導性問題，很多坊間的問卷調查就有不少這類問題，例如：

> **何者重要呢？是帶來社會衝突的民主制度，還是穩定的經濟狀況呢？**

5.3 滑落斜坡

滑落斜坡的謬誤也是錯誤推論，問題在於前提預設了一連鎖反應會發生，但事實上它會發生的機會很低，近乎於零，例如：

我們不可以給動物以權利，因為一旦讓動物有權利，下一步就是植物有權利，再下一步是連死物也有權利，那不是極之荒謬嗎？

當然，如果連鎖反應會發生的機會很高，那就不是謬誤，所以，要辨別是否滑落斜坡謬誤，我們必須具備相關的知識，了解事件之間的因果關係。

大部份邏輯書都會將滑落斜坡歸入不充份謬誤的類別，但我把它理解為不恰當的謬誤，因為在不充份的謬誤中，即使前提為真，也不足以支持結論；但滑落斜坡卻不同，如果前提為真，就能充份支持結論，它的問題正是前提不是真，而我們又假定它為真。

5.4 訴諸自然

很多人會用合乎自然或違反自然為理由進行推論，背後也預設了合乎自然的就一定是好，違反自然的就一定是壞，例如：

同性戀是不自然，因此同性戀是不道德的。

問題是，為甚麼不自然就是不道德呢？這個預設明顯是不恰當的。另外，所謂「自然」或「不自然」的意思根本就不清楚，比如說，對於那些天生就是同性戀者來說，同性戀不就是很「自然」嗎？要他們接受異性戀反而是「不自然」。

當然，在特定的脈絡我們可以釐清所謂「自然」或「不自然」的意思。中世紀神學家阿奎那認為，性行為的目的是生育，這就是合乎自然，同性之間的性行為不可能生育，那就是不合乎自然，同性戀之所以錯誤就是因為它不能有生育的功能；但若是如此的話，就連避孕都是不道德的，因為它也是有違生育的功能。

又以基因改造食物為例，自然界不可能出現蘋果和豬基因的組合，但科學家卻可以利用科技合成，在這個意思下，我們可以說基因改造食物是「不自然」。很多人反對基因改造食物，理由是有害健康。但問題是，基因改造食物為甚麼一定會有害健康呢？我們心理上傾向相信合乎自然就一定是好的，如天然食物和自然療法，但想想像颱風、地震、海嘯、疾病等自然災害又如何呢？

訴諸自然的心理根源：

1. 鍾愛自然事物如風景
2. 對科技懷有恐懼

5.5 假兩難

要辨認假兩難，就要先知道甚麼是真兩難，在特定的脈絡中，兩個選項既排斥又窮盡的話，就是真兩難，例如將人分成男人和女人就是排斥，因為是男人就不會是女人，是女人就不會是男人；但不窮盡，因為不是男人不一定就是女人，還有非男非女的中性人。假兩難就是兩個選項根本不是排斥，或不是窮盡，而假定它們既排斥又窮盡就是不當預設，例如：

不能入讀大學，你就要做乞兒。

我們也可以將非黑即白看成是假兩難的一種，就是那兩個選項不是窮盡的，例如：

不是朋友，就是敵人。

要注意的是，非黑即白是假兩難，但假兩難不一定是非黑即白，因為非黑即白的兩個選項是處於兩個極端，故是排斥的，而假兩難的兩個選項可以是不排斥的。

假兩難 VS. 非黑即白

	非黑即白	假兩難
兩個選項		

6. 應用的問題

雖然很多人都知道認清真相，辨認知識上錯誤的重要性，但卻往往忽略思考方式上的錯誤，輕視謬誤剖析的工作。正如前面所言，有不少詭辯都是利用謬誤來進行，認識謬誤也即是學會了詭辯防身術。

詭辯 = 使用似是而非的手法，實質是騙人的推論

以上介紹了二十多種謬誤，但謬誤其實是千變萬化的，不斷會有新的謬誤出現；不過，無論謬誤怎樣推陳出新，都不出四不架構的範圍，所以要好好掌握這個分類架構，讓我再簡單講解如何使用四不架構來辨認謬誤，對於論證來說，不一致和不當預設是用來檢視前提，而不相干和不充份則用來檢視前提和結論的關係。

還有，四不架構可引申用於人生處世，成為人生哲學的原理。不一致提醒我們做人要跟自己的目標保持一致，否則就會招致失敗，例如想人喜歡自己，但又經常做出令人討厭的行為，那就是不一致。不相干指導我們不要為那些跟我們重要價值不相干的事物而煩惱，例如很多人會為一些無關重要的人所說的閒話而動氣，又或者忙着追求一些跟自己人生目的沒有關係的東西。不充份要我們注意偏見的產生，很多時都是由於看事物不夠全面，例如只留意別人的缺點，就對人作出全面的評斷。不當預設叫我們不要盲目接受社會上所預設的價值觀，避免由此帶來的不必要的痛苦，例如社會的成功標準是追求名成利就，但先要反省一下這是否合乎你的個性或人生目的。

對於推論性的謬誤，即使前提和結論在邏輯上是不相干，但內容上卻能影響人的情感，使前提和結論產生心理上的聯繫。另外，前面我們也提到各種謬誤背後的心理根源，明白到這些心理因素，也有助於我們識別和避免犯上謬誤。

謬誤的心理成因

1. 訴諸權威：服從權威
2. 訴諸人身：攻擊本能
3. 訴諸群眾：渴望認同
4. 以偏概全：印證偏差
5. 非黑即白：憤怒狀態
6. 訴諸自然：喜愛自然

有些謬誤容易判定，有些則比較難。一般來說，形式謬誤比非形式謬誤容易判定，只要我們能夠找到不對確的論證形式就足夠了，例如肯定後項和否定前項的謬誤。至於非形式謬誤，由於涉及內容，容易出現不同的解釋，判定上較為困難。不過，像訴諸無知、訴諸人身和非黑即白等謬誤其實也不難判定，比如說訴諸無知，由於它具有以下的公式，在指認上也不算困難：

沒有證據證明 X 是真 / 假。

因此，X 是假 / 真。

另一個常有爭議性的謬誤就是滑落斜坡，因為當中涉及連鎖反應會發生的機會率，判斷的時候要依靠我們的知識和經驗，也可以這樣說，對有關事物的知識和經驗越豐富，判斷也越可靠。當然，有時會難以判斷連鎖反應發生的機會，例如：

一個地方若經常有遊行示威，政局會變得不穩定，於是商人就會撤資，或變賣物業，這樣樓市就會大跌，樓市大跌就一定嚴重影響當地的經濟。

另外，有些謬誤之所以難以判定，在於大家對當時的語言脈絡有不同解讀，例如混合問題就是了。混合問題是問題混入了不適當預設，何謂不適當就要視乎當時的語言脈絡，但由於對話雙方各有自身的背景，他們對「是否恰當」的解讀可能會有差異。

還有，某些領域容易出現某種謬誤，比如說政府官員，最容易犯的就是離題謬誤，也許這就是職業「需要」。

21 世紀是講求創意的年代，隨着人工智能的興起，很多工作都可以交給電腦和機械人處理，剩下來的就是那些具創意的工作，因此創意思考也變得越來越重要。事實上，人類的進步就是依靠不斷的創新，現在不過是更重視用創新來解決問題。

回顧人類的過去，一些重要的創新的確主導了歷史發展的方向，例如輪子的發明，就令人類的生活跟過去大大不同；印刷機的發明，令知識不再握在少數人手上；互聯網的普及，亦將會對社會產生翻天覆地的改變，此刻我們不過是處於這個變化的開端。通常我們比較留意的是科技和產品的創新，比如説洗衣機、冷氣機、汽車、手提電話、電腦等等；因為科技帶來舒適和方便，最直接影響我們的生活。但科技只不過是科學的應用，科技背後還有科學，而科學家發展新的理論未必會帶來科技成果，那創新的意義又在哪裏呢？愛因斯坦創造的相對論能夠説明一些牛頓物理學所不能説明的現象，加深了我們對自然世界的認識。然而，藝術的創新又為了甚麼呢？它固然並非實用，也不像科學般能加深我們對世界的認識，就藝術來講，創新可能就是目的，有些藝術家的確是為創新而創新，但創新也可以是為了尋找更好地表達情感和意義的方式。其他領域的創新也是為了不同的目的，但無論是哪一種創新，即是為無聊的生活增加一點新意也好，不同的創新都源於新的意念。本章要探討的就是帶來新意念的方法。

為甚麼我們一定要追求創新和發展呢？
過着簡樸的生活不是更好嗎？

1. 批判與創造

人類的社會能不斷進步，就是依靠批判和創造，批判是破的工作，創造則是立的工作，兩者的關係本應是相輔相成的；可是，不少講創意思考的書卻將兩者看成是對立關係，以下我們會討論對批判思考和創意思考關係的常見誤解，及解釋兩者應有的關係。

1.1 批判會妨礙創意的產生？

有人認為邏輯會限制人的想像力，也許由於邏輯講求理性，而創造則需要想像力，這兩種能力雖然不同，但不同並不表示對立，認為邏輯會限制想像力只不過是不懂邏輯的誤解，其實邏輯可能才是最大的可能性，凡是邏輯不可能（自相矛盾）都是絕對不可能的，不妨試畫一個四隻角的三角形，做得到嗎？真正懂邏輯的人應該有最大的想像空間，邏輯不但不會妨礙想像力和創造力，反而是想像力和創造力的基礎。

思考題： **理論不可能的東西（如快過光速的太空船）也是邏輯不可能嗎？**

批判妨礙創意的另一個說法是批判會窒息創意的出現，但這種說法其實是犯了以偏概全的謬誤，因為只是過早的批判才會窒息創意的出現，並不是任何或大部份的批判都會妨礙創意的出現。過早的批判之所以會妨礙創意，這是因為有時看似乎荒謬的意念可以進一步發展為有用的創意，而過早的批判往往會扼殺創意，例如最初提出無線電可用作遠距離通訊時，有人立刻批判這意念，說直線傳遞的無線電會射進太空，不能用作通訊；但當時的人沒有想到，如果在太空放置人造衛星，不就是可以反射無線電回到地球，達到通訊的目的嗎？其實大氣層有着不同的密度，無線電經過層層折射最後會變成反射，也能用作通訊的。另一個例子，數十年前，美國一間電話公司開設了接線生訓練班，培養出一批出色的接線生，卻被其他電話公司高薪挖角，於是這間電話公司的管理層開會商量對策，總裁竟然說：「不如打斷那些接線生的腿！」當然不可以這樣做，那總裁不過是說負氣話，但有個主任將這個「建議」加以改善，就是以後改為培訓傷殘人士做接線生，並將公司的設施作出相應的更改，其他公司難以效法，這樣就解決了挖角的問題。

1.2 邏輯不能產生創意？

亦有人批評邏輯不能產生創意，例如著名的創意思考學者狄波諾（Edward de Bono），他將思考分為「直線思考」和「水平思考」兩種，相若於這裏講的「批判思考」和「創意思考」，他批評直線的邏輯思考有所限制，不能產生創意，但這種說法其實是犯了攻擊稻草人的謬誤，因為根本沒有人說過邏輯是用來產生創意，邏輯旨在判定推論是否成立，它的目的並不是要帶來創意，這樣的批評就像抱怨洗衣機不可以用來煮飯一樣荒謬。這種說法的另一個問題是「廢話」，「邏輯不能產生創意」根本就是空廢命題，雖然必然為真，卻毫無經驗內容，講了等於無講，實屬廢話。

1.3 批判有利創意的出現

過早的批判雖然有礙創意出現，但並不表示批判本身會妨礙創意，對已有事物進行批判往往迫使我們尋求新的突破，實在有利於創新。例如我們對產品提出批判，指出它的缺點，這是有助產品的改良。對理論的批判也一樣，科學家不斷做實驗的其中一個目的就是試圖推翻已有的科學理論，迫使大家開創新的理論來說明這些反例。又例如，質疑傳統的藝術定義：為甚麼藝術一定要再現和美呢？那就可以開出更多的可能性，如抽象畫和概念藝術之類的新藝術形式。

總言之，批判能顯示不足之處及問題的所在，迫使我們去尋求新的發展。也可以這樣說，一個缺少批判精神的人多數也缺乏創新動力；一個缺少批判精神的文化亦多是缺乏創造力。就以中國文化為例，在春秋戰國的時候甚具創造力，諸子百家學說並起，批判精神令各家思想自由發展；可是，漢代大一統後，儒家被定為一尊，視孔孟之學為千古不變的真理，批判精神也因此喪失。西方的文化精神卻不同，亞里士多德所說的「吾愛吾師，吾更愛真理」，正是一種不盲從傳統和權威的批判精神，故能不斷從批判中產生出新的思想。如果沒有培根對亞里士多德的傳統科學作出批評，現代科學恐怕也不可能順利在 17 世紀出現。

思考題： **在態度上，批判思考和創意思考有甚麼不同？**

2. 創意的思考方法

很多講創意思考的書有一個問題，就是混淆了帶來創意的「方法」和「思考方法」。比如說輕鬆有助於創意的出現，但這是態度，並不是思考方法；正如在批判思考中，懷疑精神是批判思考應有的態度，而語理分析才是思考的方法。嚴格來說，「腦激盪」（Brainstorming）和「腦地圖」（Mind Mapping）等方法也非思考方法，而是做事的程序。產生創意的思考方法只有三種，「組合法」、「轉換法」及「類比法」。

創意的思考方法

1. 組合法
2. 轉換法
3. 類比法

思考題： 為甚麼創意思考方法的普遍性低於批判思考方法呢？

2.1 組合法

組合法很簡單，就是將兩種不同的事物結合起來，產生新的東西，例如香港人將奶茶和咖啡混合，那就是「鴛鴦」，成為了具香港特色的飲品。其實很多產品都是已有東西的組合，傳真機不過是影印機和電話的組合，影音器材就特別明顯，最初是收音機加入 CD 的組合，後來又加入 MD、DVD，現在還有 USB。即使是講求原創性的藝術也是一樣，攝影寫實主義就是攝影和寫實畫的結合；抽象表現主義則是抽象畫和表現主義的結合；當代藝術中也有一種是混合古典和現代的後現代風格。

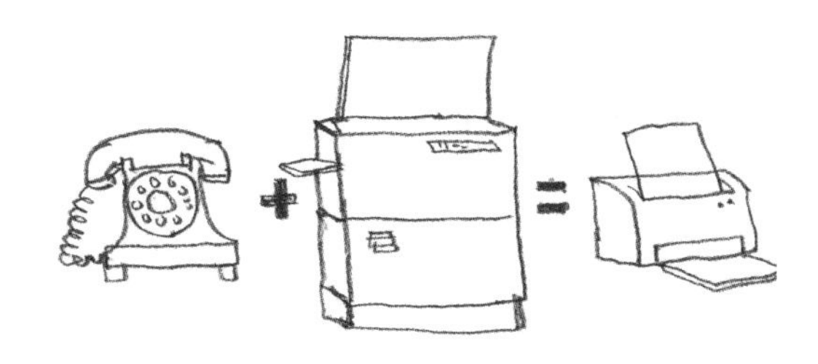

由於組合能帶來創新，所以有些講創意思考的書會強調這樣訓練創意，就是隨意選擇兩種不相干的事物，然後盡量列舉這兩種東西的可能組合，例如車和人頭的組合：一輛人頭形狀的車、車身有人頭的圖案、買車送人頭公仔、買人頭模型送玩具車、以不同名人的頭像設計車的外形等等；在列舉過程中，不要害怕得出來的結果荒謬而放棄，正如前面所講，過早的批判有礙創意的出現，很多發明都是由看似荒謬的組合開始，意念可作進一步的修改而達致有用。另外，量亦是一個很重要的因素，量多不但是想像力的表現，而且也是創新是否成功的條件之一，很多發明家之所以成功，就是由於他們的意念夠多，在 1,000 個意念中，可能只有 100 個能夠實踐出來，而在這 100 個有用的意念中，也可能只有一個是真正受歡迎，能賣錢；換言之，意念越多，成功的機會越大。

在寫作方面我建議用日本學者川喜田二郎所創的 KJ 法，KJ 是其名字的英文拼音 Kawakita Jiro 的縮寫，這也是一種組合法，將跟某個主題有關的想法寫在便利貼上，到了一定數量之後，就將它們歸類，然後整理成一篇文章。

還有一點值得一提，就是中國文字有利於創意思考，因為中國文字是方塊字，容易跟其他字作組合，產生新的意念。在中國傳統文化中，最能反映創造力的就是詩詞，那正是字詞和語句組合的產物，可惜的是，中國人的創造力就只是高度集中在這裏。

創意思考的訓練

1. 隨意選出兩種東西，盡量列舉它們的可能組合。
2. 隨意選出一種東西，轉換它的外觀、用途、性質或意義。

思考題： 中華牌鉛筆頭上有擦膠，這是一個好的組合嗎？如何改善呢？

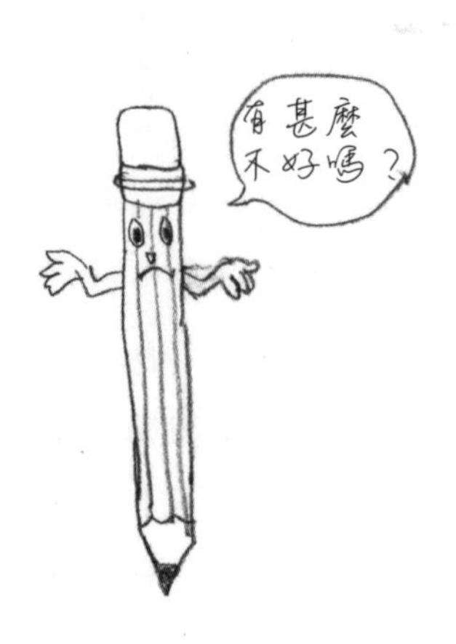

2.2 轉換法

轉換法比較複雜，簡單的轉換有改變產品的形狀、顏色、材料或大小，例如將收音機縮小就變成了隨身聽（walkman）。有一種轉換比較特別，就是轉換事物的用途，這是最具創意的，也往往取得意想不到的成功。舉個例，3M 公司原想研發一種超級萬能膠，卻造出一種不會乾的「濕膠」，這本是失敗之作，不過 3M 公司改變了這種「濕膠」的用途，製造出辦公室的必需品，那就是便利貼了。很多機構要繼續生存，也要進行轉型，這也是轉換用途；例如香港家庭計劃指導會原本的功能是幫助和教導夫婦節育，但現在社會環境改變了，家計會也得轉型為幫助和教導夫婦生育的服務機構。

現在小朋友往往擁有太多玩具，其實並不是一件好事。我們小時候零用錢不多，沒有甚麼玩具，就自己動腦筋，轉換雪條棍、鞋盒、膠袋、或汽水蓋的用途，例如用雪條棍拼砌出戰鬥機和戰艦，將汽水蓋捶平來造成飛標。我記得小時候家姐和妹妹最喜歡在家裏玩「唱大戲」，那是將父親的睡衣褲當作大戲的戲服，用媽媽的絲襪來做頭巾。

轉換字詞的意義可以提供新的觀點，有利於創新。例如將盲人稱為「視力受考驗者」，雖然背後是基於避免「盲人」受歧視的考慮（我認為其實是濫用了「歧視」這個概念），但亦可將我們的注意力導向為一個新方向，就是挑戰可以克服，想辦法為失明者解決困難，消除因失明對他們造成的障礙，甚至想辦法為他們復明。

還有一種轉換思考角度稱為「逆向思考」，從結果開始想起，例如有一年美國的加利福尼亞州果蠅為患，大家都在想辦法如何消滅果蠅，比如用甚麼殺蟲劑才有效；有科學家靈機一觸，從結果的角度去想，就是沒有果蠅出生就不會有果蠅，於是培育了一批有生殖缺陷的雄果蠅出來，由牠們跟雌果蠅交配就不會產生下一代，這樣就解決了果蠅為患的問題。又例如司馬光打破水缸救人的故事，司馬光的機智之處在於沒有順着一般的思維習慣，就是「如何把小孩從水缸救出來？」，他用石頭把水缸打破救人，根本毋須移動小孩。

轉換思考法

1. 轉換產品的外型、大小、質料、顏色。
2. 轉換事物的用途
3. 轉換字詞的意義，提供新的意念。
4. 轉換思考的角度

Steve Jobs 有甚麼轉換性的思考運用到產品的創新上？

2.2 類比法

在第二章已經介紹過「類比推論」，類比推論不只是一種歸納法，也是帶來創意的思考方法，傳說工匠所用的鋸是由魯班先師所發明的，當時魯班被有鋸齒型的樹葉割傷，於是類比出若製造鋸齒型的鐵片，就可以切斷木頭。

類比推論也是形成科學假設的好方法。科學類比主要有兩種，一種是「形式類比」，另一種是「實質類比」。先講形式類比，例如庫倫靜電定律（Coulomb's Law）就是來自牛頓重力定律的類比，牛頓重力定律的數學公式是 $F = GMm/r^2$，F 是重力，G 是重力常數，M 和 m 分別是兩個物體的質量，r 是這兩個物體的距離；而庫倫靜電定律是描述靜電力和電量與距離之間的關係，其數學公式為是 $F = kQq/r^2$，k 是常數，Q 和 q 分別是兩個帶電物體的總電量，而 r 也是這兩個物體的距離。相信大家都會發覺這兩個公式在形式上的相似性，也可以說，庫倫是從牛頓重力定律得到靈感，建立其靜電定律。

至於實質類比，典型的例子有氣體分子運動和彈珠運動的類比，我們可以由大量彈珠的運動和碰撞計算出氣體分子的運動和碰撞，這是實質類比，因為彈珠跟氣體分子一樣，也有動量、位置和軌跡等。

類比通常是由我們熟悉的事物，推論出陌生的事物如何，這樣往往可以給予我們靈感，舉個例，有些動物有保護色，如比目魚，在沙灘上是白色，在泥中則變成黑色，這是因為色素細胞移動到表面所致；有人就類比出屋頂的瓦片可以隨着季節的改變而轉換顏色，夏天是白色，冬天是黑色，這樣就可以有散熱和吸熱的效果。當然，怎樣可以做到則需要進一步的研究，在這裏，旨在指出類比可給予我們新的意念。

類比的三種功能

1. 推論
2. 解釋
3. 創新

試用類比法產生一個新的意念。

3. 做事程序

除了思考方法之外，有些做事程序能幫我們作自由聯想，帶來創意。例如著名的「腦激盪」、「腦地圖」及「六帽思考法」（Six Thinking Hats）等方法都是提供一套做事的程序，有助我們聯想出新的意念。

3.1 腦激盪

腦激盪是由奧斯本（Alex F. Osborn）在 20 世紀 40 年代所創，他本身是一個廣告創作人，這種方法最初也是用於廣告創作。簡單來説，這是一種是集體創作的方法，透過聯想，互相刺激，尋找創意。後來很多大公司都用這種方法來培訓員工，具體過程大概是這樣，一班人圍在一起，將有關的問題寫在紙上，貼上牆，接着自由聯想，想到甚麼就講甚麼，互相激發意念，意念越多，能夠作出的結合也越多，也需要人負責抄寫答案，然後看看這些資料可以怎樣組合，找出幾個創意，直到修正可用為止。

不過，使用腦激盪有兩點要注意，第一，就是前面提過的不要過早批判（或批評），在思考創意的過程中，不需要批評，因為被批評的人可能會有情緒反應，不願意再提出意見，這樣就會窒礙了創意的出現；第二，成員之間的身份可能會有阻礙，因為若老闆、經理、主任和普通員工一齊參與腦激盪，普通員工在老闆面前可能不敢提意見，但事實上，創意可以出自任何人，跟所屬的職級沒有特定的關係，一個普通的員工也可能提出很好的創意。由於成員之間的身份問題，即使腦激盪是常用的方法，但其實效果並不十分理想。還有，這種方法源於廣告創作，但未必適用於其他領域，有時群體的壓力會對參與者產生心理負擔，反而會窒息創意的出現。

3.2 腦地圖

腦地圖是布贊（Tony Buzan）在 20 世紀 70 年代發明的，這也是自由聯想，但不是集體創作，而是很個人化。方法是這樣的，將某個主題或要解決的問題寫在紙的中心，想到甚麼就由中心引申出來，同一組的意念要寫在同一條線上，不斷向外擴散，直到得出解決問題的方法，但寫的時候要快，不需要理性思考，目的就是讓意念由潛意識浮現出來。雖然要寫得快，但也要寫得清楚，否則寫完之後不知道自己寫些甚麼，我經常碰到這個問題，很多時在紙上修改自己文章，由於寫得快，所以字體很潦草，如果隔了一段時間才在電腦修改的話，就可能完全不知道自己寫了甚麼。

很多大公司如波音和 IBM 都使用腦地圖來培訓員工，據説波音公司出了長達一千頁的指引來教授工程師維修 747 客機，需時一個月，但將程序簡化成腦地圖之後，三日就可以學成，節省了不少時間。腦地圖也適合用來做筆記，易於記憶，因為它有一種圖像式的整體視覺效果。我也喜歡用圖解的方式來總結課文的重點，而學生也表示這種方式有助他們理解和記憶。

我認為腦地圖應該分為兩種，一種是用作解決問題，這是一種產生創意的方法，所以寫的時候作直接聯想就可以，不需要理性思考；另一種是將複雜的內容簡化，讓人易於了解和記憶，那麼，項目之間就需要有較強的邏輯關係，這涉及較多的理性思考。

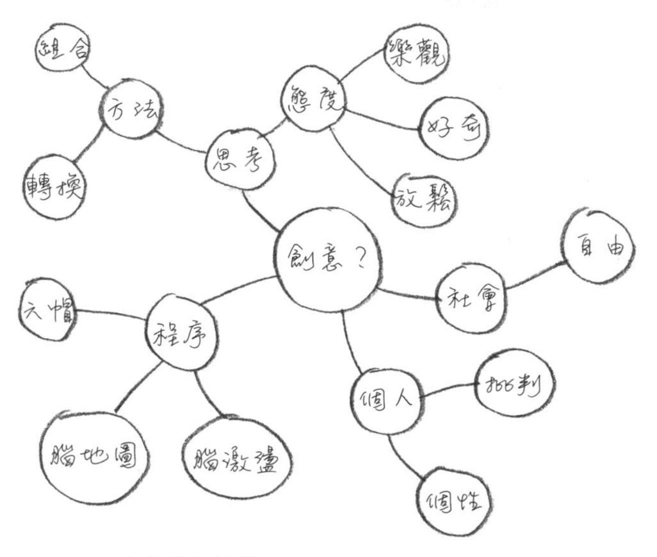

3.3 六帽思考法

相信在創意思考這領域最活躍的人物非狄波諾（Edward de Bono）莫屬，他最初是讀醫科的，專門研究人的腦部，在1968年提出了「水平思考」，即是創意思考，以別於「直線思考」，即是邏輯思考。自此之後他就寫了很多有關創意思考的書，也發明不少提升創意的方法，其中最受歡迎的是六帽思考法，這也是一種自由聯想的集體創作方法，但比腦激盪有趣好玩，而且可以消除成員身份之間的阻礙，解決了腦激盪的問題。腦激盪的另一個問題是太過「自由」，各人可以隨意發言，如果遇到一些長篇大論的人就很麻煩；相比之下，六帽思考法能提供一個程序，引導創意的產生。

六帽是六種顏色的帽，分別是白帽、紅帽、黃帽、黑帽、綠帽和藍帽，代表六種思考的角度，白帽是搜集資料、紅帽是整理感覺、黃帽是樂觀向前、黑帽是進行批判、綠帽是創新意念、藍帽是宏觀審視。在進行六帽思考法的過程中，成員需要不斷轉換帽子，就是要從不同的角度思考，並且要一起行動，例如戴白帽時大家一起負責「收料」（收集資料），戴黑白帽時大家一起批判，這樣大家就有同一個目標，那就可以消除成員身份的阻礙。六帽思考法沒有固定的程序，不過通常是先戴白帽，做搜集資料的工作，如果已經有很多料，就可戴綠帽，看看有甚麼創意的組合；接着可以戴黑帽，批判創意是否可行；或者戴紅帽，是否喜歡這個創意；又可以戴藍帽，從宏觀的角度審視創意；如果發現資料不夠，亦可以再戴回白帽，重新收料。

六色帽的不同意義

1. 白帽是收料，代表客觀。
2. 紅帽是感覺，代表喜好。
3. 黃帽是樂觀，代表積極。
4. 黑帽是批判，代表謹慎。
5. 綠帽是意念，代表創新。
6. 藍帽是宏觀，代表廣闊。

如果要在六帽思考法多加一項，那是甚麼顏色的帽，又代表着甚麼意思？

4. 生活與態度

我認為對於創意思考來説，生活態度比思考方法更加基本，因為心態跟創意的關係更為密切。一個人若缺乏相應的心態，即使懂得組合法和轉換法，也不會在日常生活實踐；相反，一個不知道這些方法，但有強烈好奇心和樂觀精神的人，也會自動地找尋求創新和突破。積極思考對於創意來説也很重要，但由於積極思考是一個很大的課題，而且其意義也不限於創新，所以我會另闢一章來討論（參第六章）。

4.1 好奇心

人天生就具備好奇心，只要觀察一下小孩子就會知道，小孩子是充滿好奇心，他們碰到甚麼總喜歡問：「為甚麼？」可是，當小孩子進入學校之後，就被迫接受答案比問題重要，尤以教師所持的答案為標準，久而久之，就會失去好奇心。對培養好奇心來說，重要的是問題，並不是答案。以創造力驚人的達文西為例，他就有很強烈的好奇心，好奇心正好使我們從不同的角度去提出問題，也不要以為自己的問題幼稚或簡單而忽略它，達文西所提的問題也很簡單，例如他問：「為甚麼天空會是藍色的？」就是這種好奇心令達文西終其一生，不斷發問，也不斷學習，更不斷創造。

糖尿病之所以被發現，就是 17 世紀時一位英國倫敦的醫生威利斯（Thomas Willis）出於好奇心所致，他發現狗的尿吸引了很多烏蠅，在好奇心的驅使下加以研究，於是發現了糖尿病的成因。又例如盤尼西林，佛萊明（Alexander Fleming）發現在實驗室的細菌培養基被一種綠色的黴菌污染了，一般人的做法會棄掉受污染的細菌，但佛萊明很有好奇心，他觀察到黴菌四周沒有任何細菌生長，於是猜想可能是這種綠色黴菌殺死了細菌，最後發現了盤尼西林，拯救了很多人的生命。

有人認為香港的教育制度扼殺了兒童的創造力，你同意嗎？

4.2 放鬆與集中

著名詩人歐陽修說他最好的詩句是從「三上」得來，第一個是「馬上」，騎在馬上，很輕鬆；第二個是「床上」，舒服地躺在床上，也很放鬆；第三個是「廁上」，如廁也會使人放鬆。由此可見，三上就是三個都使人放鬆的方法，有利創意的出現。個人認為，睡覺和散步也是兩個使人處於放鬆狀態的好方法。但為甚麼放鬆會令人容易產生創意呢？有人認為放鬆能令人的潛意識活躍，創意就會湧現；不過，如果沒有經過之前的苦思階段，就很難會在放鬆狀態下出現突如其來的靈感。例如阿基米德在洗澡的時候發現了浮體原理，固然可以說是在放鬆狀態下得到靈感，但如果沒有之前的苦思冥想，恐怕也沒有那麼容易得到靈感：話說當時的敍拉古城國王懷疑幫他造皇冠的工匠偷工減料，那不是純金的皇冠，而是摻入了銀，於是命阿基米德為他找出真相；本來只要量度到皇冠的重量和體積就可知道，因為金的密度比銀高，但問題就在於怎樣計算皇冠的體積，熔了皇冠當然就計算到體積，但又不容許這樣做，阿基米德考慮各種方法，例如將皇冠分割成不同的形狀，然後逐個計算，但由於皇冠的形狀太不規則，難以分割成不同的幾何形體……，卻在洗澡時看到水從缸裏溢出而得到靈感，只要把皇冠和同樣重量的純金分別放進同樣份量的水中，分別測量所溢出的水是否同等體積，便可得到答案。後來阿基米德將這個發現進一步總結出浮力理論。他經過苦苦思索才有可能在放鬆的狀態下得到靈感；也可以說，要經過努力，才可得到回報。

華萊士（G. Wallas）早在1926年就提出創新的四個階段，第一個是準備階段，對應着苦思和努力這個過程。有些講創意思考的書只講放鬆，卻輕視努力的重要性，放鬆和集中正是創造的一體兩面。筆者當年讀藝術系的時候，經常在畫室工作了一整天，在身心皆疲的狀態下就會去看電影放鬆一下，很奇怪地，讓完全綳緊的腦袋放鬆，靈感自然就會出現；有時苦思不解的問題，只要睡一覺也自然想到解決的方法。我想可以用鴨子游水的形象來表示這種放鬆和集中的一體性，表面上看，鴨子好像很優閒地在水中往來，但其實腳掌在水下面卻在不停地努力划水。

華萊士創新的四個階段

1. 準備階段：在意識層面苦思努力，但問題未能解決。

⬇

2. 孵育階段：將有關資訊沉澱至潛意識。

⬇

3. 頓悟階段：意念突然浮現。

⬇

4. 驗證階段：回到意識層面，將意念付諸實現。

很多人認為科學的工作是按一定的程序，並不需要創造力和想像力，這其實是一種誤解。科學的假設往往要靠猜想得來，而猜想又得依靠靈感和想像力，科學史上有幾個重要的發現都是來自科學家的夢境，例如苯（Benzene，C_6H_6）這種化合物的分子結構就一度困擾着化學家，後來化學家凱庫勒（Friedrich August Kekulé）在夢中見到一條蛇咬着自己的尾巴，才想出苯具有環狀形的分子結構。又例如物理學家波爾（Niels Henrik David Bohr）在夢中見到星體繞着太陽旋轉，得到靈感，想到了原子也有類似的結構，就是電子繞着原子核而旋轉。

睡覺使人完全處於放鬆的狀態，似乎印證了潛意識的說法；不過，我的想法有些不同，基本上我也同意創意跟潛意識有關，問題是，創意來自何處？我認為很多新的意念都是來自天上界，也可以說是神靈賜予的靈感，正如柏拉圖所講，靈感是來自繆思女神。放鬆令人容易進入潛意識狀態，接受來自上天的靈感，上天包括了各種神靈；也可以說，潛意識將我們跟另一個世界連接起來。當然，如果一個人從來都不努力，上天很少會幫助他，或賜予靈感，此所謂自力者才有他力相助。

冥想能令人身心放鬆，也是一種獲得靈感的方法嗎？

4.3 習慣與自由

在社會上，具創意的人只是少數，為甚麼大部份人的創意都很低呢？其中一個原因是我們很多時都受習慣所支配，或習慣了用既有的方法去解決問題，沒有考慮其他的可能性；另一個原因是大部份人缺少想像力，想不出有更多的可能性。兩者又是互為因果的，長期因循於習慣會令人缺乏想像力，而想像力低的人又只好依賴習慣解決問題。因此，打破既有的習慣和開拓想像力有助創意的出現，但如何打破既有的習慣，又怎樣提高想像力呢？

很多談創意思考的書都強調打破既有的生活習慣，例如平時乘搭的士上班的可以改坐巴士，喜歡坐巴士上層的可以改坐下層，喜歡坐前座的可以改坐後座，喜歡坐左面的可以改坐右面，看平時不看的電影，閱讀平時不讀的書等等，目的是讓我們有新的刺激，啟發創意。 打破習慣是第一步，開放心靈之後就容易培養想像力；前面已經介紹過三種帶來創意的思考方法，經常做組合、轉換和類比的思考練習，也有助於提升想像力。另外，多接觸藝術品，看電影和閱讀小説，也能拓展我們想像的空間；多去旅行，接觸新的事物，亦能刺激我們的想像力。不過，以上所講的方法其實只是生活方式的改變，直接產生創意的機會率並不高，而且同一方法對甲有效也未必對乙有效。

要打破習慣，我們就要先肯定人的自由。如果説限制是創意的敵人，那麼，自由就是創意的母體。有了自由，各人就可以發展自己的潛能和個性，增加社會的多元性，帶來創造和發展。香港最有創意的時期就是上世紀的七、八十年代，以娛樂事業為例，無論是電視、電影和流行曲，都是百花齊放的黃金時代，這也是香港自由風氣最盛的時候，反觀近二十多年，社會各界都多了很多不必要的限制，無論是政府、大學、商場、公園都是如此，有公園甚至禁止寫生。

近年政府大力宣揚創新，還成立了所謂「創意辦公室」，可是成果乏善足陳，其實最初一聽這個名字，我就知道不會產生甚麼創意，因為辦公室是做決定的地方，並不是產生創意的理想之所。正如前面所説，創意通常出現於放鬆的狀態，辦公室的環境和氣氛都有礙創意的出現，所以有些公司會設置遊玩室，給員工放鬆一下，説不定創意就會在這時候出現。當然，辦公室還是需要的，因為我們也要決定創意的好壞，及怎樣執行，這就需要決斷力，決斷力與創造力雖然並不是對立，但很難同時進行，而且很少人能同時具備這兩種能力。

近年坊間也多了很多培養創意的課程，比如説聽音樂提升創意，但我認為這有輕視學習，盲目鼓吹創意之嫌，努力和學習，具備相關知識其實十分重要。當然，最重要的還是自由的土壤，正如前面所講，有了自由，大家就會自發地追求各自的理想，發展個人的潛能。如果說外在的環境很難改變，那可以努力保持內心的自由，減少外來的干預，心才是自由的王國；從這個角度看，道家思想有助於我們培養自由的心靈，因為道家所追求的是一種從利害、名利和道德解放出來的自由狀態，使心靈不受任何束縛，同時又是一種審美狀態，這也是為甚麼創造總是跟美連在一起的原因。具備創造力的人也多是個性獨特之人，而且喜歡自由自在，不受約束，但東方文化卻有一種扯平主義，叫人不要太突出，正所謂「槍打出頭鳥」。不要害怕突出，否則就不能發揮個性，也難有創造。當然，我不是說不應理會他人的評價，從他人的評價中我們可以認識自己，但完全將自己的價值奠基於他人評價之上則是不智的。人要有遠大的眼光，開拓的精神，這樣才不會被眼前的事如考試或工作所局限。

自由的重要

自由（條件）

打破習慣（行動）

提升想像力（效果）

思考題：開放自由的社會怎樣有利於創新？

思考

上一章討論創意思考時指出了心態的重要性，以積極為首要的心態，由於太重要，所以在此作獨立一章討論。除了創意之外，積極思考跟做人、發展和成功也有着密切的關係。積極思考不算是嚴格意義下的思考方法，或者可稱為「思考方向」，簡單來說，就是凡事往好的方面想，並據之採取行動。別看輕積極思考，學習思考方法只能令思考清晰，懂得批判思考和創造思考的原理；但對達致成功和幸福來說，反而跟積極思考有直接的關係。批判思考關乎於「腦」，講求思考能力；積極思考則繫於「心」，涉及的是樂觀、勇氣、寬宏等心態。

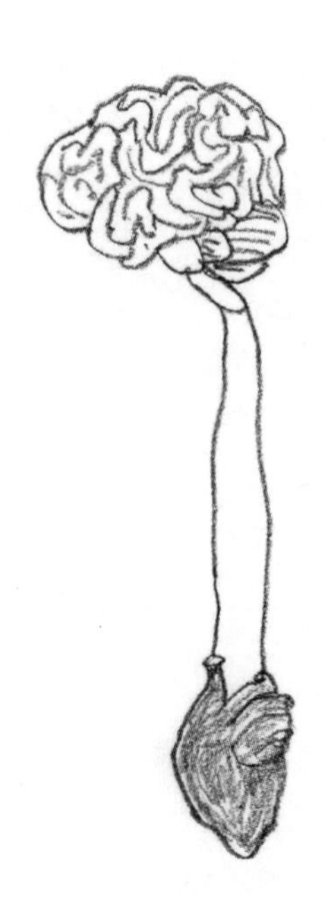

跟積極思考相反的就是消極思考，凡事擔憂、恐懼、悲觀，總往差的方面想，害怕失敗而不作嘗試。有醫學證據顯示，消極的想法如憂慮和恐懼會影響健康；相反，積極的想法會令人心情愉快，增強人體的免疫系統。積極思考的極致就是凡事皆為學習的對象，碰到良師益友自然是好事，即使遇到討厭的人，也可以作為反面教材來學習。為人積極、樂觀，就會視失敗為學習，並盡量想辦法去解決問題，碰到對立的價值，也嘗試找出其他可能性。愛迪生就是一個很好的例子，他將失敗視為「發現」，那就是發現了很多不成功的方法，積極樂觀是其致勝的主要原因。

積極思考的心態

1. 樂觀
2. 主動
3. 感恩
4. 寬宏

1. 正向思考

積極思考有兩位代表人物，一個是諾曼·文生·皮爾（Norman Vincent Peale），另一個是拿破崙·希爾（Napoleon Hill），其後各家各派也有不同的說法，在這裏我只提出一些重點供大家參考，第一是想法的重要性，有了想法我們才能訂立目標和採取行動，這樣才有成功的可能；第二是避免負面思考，而負面思考往往來自負面的情緒，所以我們先要學會克服負面的情緒；第三是提升反省和發展的能力，反省自己的不足和缺點，發展開拓未來的可能性。

1.1 大想頭

一提起積極，大家都會想到主動和努力，但其實最重要和基本的還是想法，因為有了想法才會有目標和行動。提到想法的重要性，我想起了詹姆士．阿倫（James Allen），或許他才是積極思考的開山祖師，不過可能由於他本人不像皮爾和希爾那麼成功，所以比較少人提及。阿倫認為我們會成為我們思考的存在；當然，不會立刻心想事成，想成為甚麼人就會變成甚麼人，改變是需要時間的。而這裏所謂「想法的重要性」也有別於坊間所講的吸引力法則，想法只是起點，要有行動和計劃，這樣才會有成果，就以追女仔為例，你先要明確目標，然後再思考採取甚麼策略和行動。我們不但要有想法，也要有「大想頭」，在中國人的社會，有大想頭通常會被視為好高騖遠，不腳踏實地；但其實大想頭不過是樹立大志向，大想頭不是空想，訂立目標之後，就要採取適當的方法來達成目標。

想法可以分為目的和目標，目的有終極性，是我們為甚麼這樣做的理由或原因，通常比較抽象；目標則有階段性，比較具體。例如我的目的是想一個成功的作家，可能就需要先定下大大小小及長遠和短暫的目標，例如要找出版社、一年之內要完成三本書、每本銷量要過三千冊等等。

有人可能會將大想頭跟完美主義混為一談，但兩者存在很大的差異，本質上甚至是相反的。完美主義好像很積極，凡事力求完美，精益求精不是更好嗎？但其實完美主義暗藏着負面思考，舉個例，怪獸家長認為只要讀到名牌幼稚園，才能入讀名牌小學；讀到名牌小學，才能入讀名牌中學；讀到名牌中學，才能入讀名牌大學；讀到名牌大學，畢業後才能找到高薪厚職，一世無憂；其消極性在於人生只有一條出路，入不到名牌幼稚園，人生就會完蛋。完美主義是一種全勝或全敗的思想，不是成功，就是失敗，例如考不到第一就是失敗，背後有着非黑即白的思維模式。完美主義者亦喜歡追求細節，在枝節上花功夫，遺忘了主要目標；也往往堅持充滿例外的原則，犯上以全概偏（參前文）的謬誤。最糟的情況還是若不能保證完美，就不肯作出努力和嘗試，其實心底裏是害怕失敗，遇上少少挫敗就會沮喪，用理性編造不行動的藉口。

人生就像打一場牌，有人一開始就有一副好牌，有人卻是一手壞牌；完美主義者要堅持手執一副好牌才打，但其實重要的還是怎樣打牌，手執一副好牌也未非必勝，能夠由一副「爛牌」開始，最後勝出，那不是更有價值的成功嗎？還有，認識甚麼可以改變及甚麼不可以改變，這很重要，例如過去不可以改變，他人的想法也很難改變，可以改變的就是自己的能力和心態，包括如何看待過去的心態。有大想頭自然會將目標訂得高，當然，目標越高，失敗的機會也越大，但我們要將目標和過程分開來看，例如你想成為總統，即使經過努力也不能成功，做總統本來就很難，但在追求的過程，你的能力一定會得到提升。

完美主義跟自卑和恐懼的心理有關嗎？

1.2 反省與發展

積極思考不是一味的樂觀，不處理困難、失敗和挫折。其實我們需要先克服消極思考對我們的影響，這些消極思考的種子，早在我們小時候就經由父母、朋友、甚至師長的說話，埋於我們的心裏，甚至深入潛意識層面，形成了我們負面的思考模式，例如發生甚麼事都總從從負面角度來解釋；所以我們需要反省，找出一個又一個的負面思考模式，比如說認知偏差，只接受符合自己負面信念的證據，產生以偏概全的謬誤；將不幸發生前的某些事情認定為原因，例如將倒楣歸因於打破鏡子，犯的正是因果謬誤。除了負面的思考模式，反省思考也包括認識自己的能力、性格和興趣，尋找失敗的原因，作出改善。反省需要標準，當然，標準有好多，比如說佛陀的「八正道」就有很高的參考價值。

八正道（簡要）

1. 正見：正確的見解，如生死無常、五蘊皆空、無我等；
2. 正思維：正當的思想，指內心的狀態，要消滅貪、瞋、癡三毒等；
3. 正語：正當地說話，如不要說謊、造謠，不說傷害人的話、奉承的話，不背後說人壞話等；
4. 正業：正當的行為，止惡行善，如不可殺人、不可偷竊、不可姦淫等；
5. 正命：從事正當的職業，如法的、合法的經濟生活和謀生方式；
6. 正精進：策勵自己，努力修行，追求精神上的進步；
7. 正念：正當的心念，心存清淨的意念，時刻專注而覺知現實；
8. 正定：正確的禪定，收攝散亂的身心，培養完美的人格。

處於順境時要抱積極的想法，這不算難，但身陷困境時就不容易了，或者我們可以這樣想，就是回顧過去難過的事，也終於過去，而現在面對的困境，也終有一天會過去，將來回顧現在時，可能會發覺今天的困境沒有甚麼大不了，不妨回想我們小時候面對的困難，真的是那麼嚴重嗎？另外，被人批評時也不容易接受，特別是惡意的攻擊；但即使是不合理的批評，當中也可能有正確的部份，這就需要反省思考，找出合理的批評，改進自己。

處於逆境時我們需要多作反省思考，而順境時就要用發展思考，發展就是開拓將來，尋找更多的可能性，希望正是發展的動力，過往的哲學和宗教都側重於反省的一面，對發展一面的講述並不充份。儒家比較好，它是一種努力型的哲學，又兼有反省的一面，不過略嫌太過從道德的角度看事物，有時反而成為了思想的枷鎖，也缺少了輕鬆幽默，所以創意不夠。基督教講的「信、望、愛」其實可以為我們提供很大的動力。要取得成功，我們必須兼顧反省和發展，反省和發展也分別對應着批判思考和創意思考。

積極思考是盲目樂觀嗎？

1.3 克服負面情緒

負面情緒會令我們產生消極的思考，主要有恐懼、嫉妒和自卑，其中以恐懼為甚，而部份恐懼和嫉妒則有着自卑的根源；此外，比較輕微的負面情緒有內疚和後悔。

恐懼會影響我們的思考，作出錯誤的推論，例如子女夜歸，有些父母會非常擔心，而且會將最恐懼發生的事當作最有可能發生。當然，人生不可能沒有恐懼，小孩子會怕黑、怕陌生人；成年人會怕失業、失婚；老年人會怕病、怕死。人要成長就要克服恐懼，特別是恐懼失敗，必須從自己的舒適圈走出來，挑戰未知的將來。

要克服恐懼，就要先認識恐懼，了解恐懼的成因，辨別出導致恐懼的事物。有很多恐懼只是源於對事物的無知，因此認知真相就能夠有效消除恐懼，有關恐懼的一個真相就是，我們大部份恐懼的事情其實都不會發生；那些所謂「不幸」很多時都被我們誇大了，例如會考考不上人生就會完蛋，而誇大問題嚴重性背後往往有着「強求完美」的心態，

有一些恐懼是源於膽怯或懦弱，特別是恐懼失敗，恐懼失敗令我們不敢嘗試，那麼雖然我們不會失敗，但也無法成功，正所謂「失敗乃成功之母」，吸取失敗的教訓，改進自己才可獲得成功。害怕失敗跟強求完美一樣，都源於自我為中心，所以多一點了解這個世界，關心其他人，也可間接減少恐懼。

此外，別想那麼多將來的事，也可以免除不少恐懼，很多時是越想越恐懼，本來還未發生的事，自己會不斷在腦海想像它發生的過程，有時即使擔心也不會改變事實，因恐懼而招致的痛苦，往往比真正的不幸出現時還要大。

另一個減少恐懼的方法就是增強自己的力量，小孩子特別多恐懼，這就是因為他的力量太小。如果恐懼成績差的話，就要提升學習的能力。增強自己的能力就是積聚，亦有助人獲得安定感。

自卑是一種很普遍的情緒，幾乎每個人都有自卑的時刻，因為只要跟人比較，就總有不如人的地方，例如有人因為學歷低而自卑，而學歷低變成了一個不努力上進的藉口。有時自卑會變成自大，追求優越感，可是這種優越感只是對自卑心理的補償，卻對改善自己的處境毫無幫助。

認識產生自卑的東西是可以改變，還是不可以改變，這一點很重要。對於能力和成就方面的自卑，可以做的就是努力學習和工作，追求卓越，克服自己的弱點來消除自卑。這是用實際的方法改變自己，而那些不想腳踏實地改變自己的人，只會尋求自我安慰，例如自吹自擂，不惜扭曲現實，就像阿Q一樣，這樣不但沒法改善自己的處境，也不能真正消除自卑。

要注意的是，重點是放在跟自己比較，而不是跟他人比較，因為無論你的能力多高，成就多大，總會有比你優勝的人，正所謂「一山還有一山高」，只要不斷自我精進，就能慢慢增強自信。掌握自我的獨特性，就能接受不完美的自我。

嫉妒不單是一種負面的情緒，也是一種複雜的情緒，包含了被忽略、不被尊重、不如人，有些恨意，又夾雜着點內疚的酸溜溜感覺，我們很想擺脱這種狀態；嫉妒的一個通常反應就是否定我們所渴求的事物，即所謂「吃不到的葡萄是酸的」，這其實是人類心理的自衛機制，但長期下去就會對自己大大不利。

通常我們會嫉妒競爭對手，但競爭本身沒有問題，正所謂「有競爭才有進步」，對個人和社會都有好處，對治嫉妒的方法應從個人層面入手，培養寬容的德性，改善心胸狹窄的毛病。我們之所以嫉妒對方，就是因為對方得到我們所要的東西，換言之，對方其實就是某方面理想的我。所以，從我們嫉妒的對象可以察覺到甚麼是我們真正關心的東西，這才是我們努力追求的目標，所以我們應該向嫉妒的對象學習，説對方的壞話只會阻礙我們向對方學習，對方的優點可能正正是自己所缺乏的。

跟自卑一樣，消除嫉妒的一個方法正是少注意別人，多留意自己，若跟別人比較的話，永遠會有人比你優勝，但若跟自己比較的話，多多少少會發現自己比以前有進步，漸漸可面對別人的成功。嫉妒之人愛貶低他人，以保衛自己的形象，從這個角度看，嫉妒有着自卑的根源，建立自尊不單能對治嫉妒，也是克服自卑的方法。自尊就是真誠對待自己所產生的肯定力量，包括對自己的價值觀有清晰的了解。

至於內疚和後悔，雖然不像前三種情緒那麼負面，但會將我們束縛於過去，那就不利於開拓未來的可能性。內疚是由於我們做了不正當的事，而後悔則來自錯誤的決定；前者通常跟做了些甚麼有關，而後者多數是跟沒有做甚麼有關。但問題是過去不能改變，內疚和後悔都是無補於事，只有寬恕和原諒自己才能繼續前行。

負面情緒的正面意義

1. 恐懼：令人小心謹慎；
2. 自卑：令人發奮向上；
3. 嫉妒：令人認識自己的理想；
4. 內疚：令人注意責任；
5. 後悔：令人小心謹慎。

思考題：哪些恐懼有着自卑的根源？

2. 勇氣

勇氣的重要性遠勝智力和其他才能。我發現有很多聰明、有學識和能力的人，在社會上並不十分成功，原因可能是害怕犯錯誤，也欠缺面對失敗的勇氣。有勇氣，我們才會挑戰自己，克服困難和挫折，這樣才會有所發展，取得成功。

2.1 古老的德性

在各種精神力量中，以勇氣的增幅最大，而勇氣亦是賦予行動的力量，沒有勇氣，其他德性也會褪色；沒有勇氣的愛，可能會造成溺愛；缺少勇氣的義，也容易淪為同流合污。人跟其他生物不同的地方在於，我們要通過選擇才能成為自我，抉擇需要勇氣，勇氣正是人類生存不可缺少的品質。

現代教育似乎並不十分強調勇氣，反而古代社會很重視這種德性。孔子所推崇的三達德就是「智、仁、勇」，而柏拉圖的四大德性則是「智慧、勇氣、節制、公正」，在東西兩大哲人眼中，勇氣的地位跟智慧同等重要，而且關係密切。在《對話錄·拉凱斯篇》中，柏拉圖透過戰士來探討勇氣的本質，勇氣除了堅強的意志之外，還需要有明確的目的，戰場是一個令人真正心生畏懼的地方，但若有明確和正當的目的，如保衛國土和人民，則會勇氣大增。

墨子雖然是儒家的反對者，但卻體現出孔子所講的智、仁、勇三者合一。墨子主張「非攻」，並以實際行動來阻止侵略性的戰爭，有一次，墨子知道楚要攻打宋，就連夜走了十天，由魯國趕到楚國，要說服楚王放棄攻宋，又跟楚王的臣子公輸般演示攻防戰，公輸般攻了九次，都被墨子擊退，公輸般的最後一着就是殺了墨子，但這早就在墨子預料之內，所以出發前已吩咐禽滑釐帶領弟子到宋國防守，楚王也只好放棄攻宋。

墨子止楚攻宋

1. 大仁：為拯救天下蒼生而四處奔走。
2. 大勇：以不畏死的精神，單人匹馬到楚國說服楚王。
3. 大智：能擊退公輸般的進攻，並留有後着。

亞里士多德認為勇氣是處於魯莽和懦弱之間，過多的勇氣就變成了魯莽，例如那些為了虛榮而不顧危險的人是魯莽的；魯莽的人往往衝動行事，不顧後果，缺乏的是理性的指引，正如孔子所說「勇而無禮則亂」，沒有禮來節制我們的行為，人就會變得魯莽，過少勇氣就變成懦弱；相對於魯莽之人，更多的是懦弱之輩，因為求生是人的本能，而懦弱的人最容易被恐懼所征服。魯莽和勇氣的分別除了理性的考慮之外，還涉及做事的目的，例如消防員冒着生命的危險進入火場救人，這是他的責任，即使不幸殉職，我們也不會視之為魯莽。那些追求名聲的人通常都不會有勇敢的行動，因為個人名聲比他人生命更重要，而有勇氣的人剛好相反，將他人的福祉置於個人利益之上。從這個角度看，勇氣伴隨着責任，還要有犧牲的精神。

思考題：為甚麼古代社會比現代社會更重視勇氣這種德性？

2.2 三種勇氣

正如柏拉圖所講，戰士要保衛國家，上陣殺敵，最需要的德性就是勇氣。不過，相比於形體上的勇氣，有兩種勇氣更加重要，它是社會文化賴以進步的必要條件，那就是道德的勇氣和創造的勇氣。

三種勇氣

1. 形體：士兵
2. 道德：政治家
3. 創新：發明家

道德的勇氣基於正義，必須發聲或採取行動，就像馬丁・路德反對舊教的腐敗而推行宗教改革，又如曼德拉反對南非的種族歧視而搞公民抗命，而他們都遭遇強大力量的打壓，甚至要冒着生命的危險。創造的勇氣是指開拓精神，創新和發展，例如哥倫布發現新大陸，及早期美國西部的拓荒精神。

現代社會急促改變，各行各業都要尋求創新和發展，最需要的是創造的勇氣。而最能表現純粹創造性的正是藝術，尤其是創造新典範的藝術家，例如當現代繪畫之父塞尚發現了新的繪畫空間形式後，一方面他預料將會對藝術的將來產生巨大的影響，另一方面他又懷疑這個方向的價值和意義，這就是為甚麼創造需要勇氣；因為創造固然有可能失敗，遭到守舊勢力的批評，還要面對自己的懷疑。

蘇格拉底和耶穌殉道而死，除了展示出道德的勇氣外，他們的教訓和精神也決定了以後文化發展的方向，開創了新的局面，這也是創造的勇氣。某個意義下，人類的歷史就是由這些捍衛真理，無懼於批評、迫害，甚至於喪命的人所推進。

2.3 人生的力量

誰都會經歷人生低潮，有遭遇失敗和挫折的時候，這時我們需要的是堅持的勇氣，這也是成長的關鍵，只有這樣，失敗才會使人堅強，我們才能從失敗中學習，以失敗的經驗為踏腳石，繼續嘗試。正如尼采所說：「那無法殺死我的，將使我更加堅強。」 在《超越善惡》這本書中，尼采提出的四大德性是勇氣、洞識、同情、孤獨，而在《黎明》一書所主張的四種德性則是真誠、勇氣、大量、禮貌，勇氣是兩書都有提及的德性，可見其在尼采思想中的重要性。尼采認為，勇氣是我們求知的動力，關連着理性和智慧；他更認為我們必須危險地活着，不要貪求安穩，只重複或維護舊有的規範，人要敢於冒險才有創造性；我們也需要勇氣來不斷克服弱點，超越自己；還有，有勇氣才能面對醜陋的的人生。

一般來說，年輕人比成年人有勇氣，人一過了 40 歲，就有很多東西捨不得，包括金錢、地位和家庭；所以，應該趁年青時培養出勇氣。就以我自己為例，讀書時固然缺乏提問的勇氣，老師跟我們核對試卷時，也因害怕面對錯誤而沒有用心去聽，那就錯過了改進的機會。現在回想起來，不敢提問，不面對錯誤，其實都是源於自我中心，只關心別人對自己的評價。從這個角度看，培養貢獻感能減少青年人的自我中心，也等於賦予勇氣，因為若喜歡作出貢獻，就不會害怕失敗，也會想辦法解決問題；相反，那些只顧自己的青年人，只重視他人對自己的評價，反而不能面對失敗，但沒有失敗就學不到東西，不面對失敗就不能更加精進。

提升勇氣的方法

1. 迫自己做害怕的事
2. 強化意志
3. 思考死亡

反省一下有沒有由於欠缺勇氣而後悔的事？

3. 成功之路

除了勇氣、樂觀和積極的心態，要達致成功，必須具備相關的知識、善於運用時間和提升工作的能力。成功不一定是名成利就，也可以是指在某方面有卓越的表現，在這個意義下，所有人都能獲取成功。一般來說，要取得成功就要學習知識、善用時間和努力工作。

3.1 知識

思考方法十分重要，能使頭腦銳利和靈活，但若欠缺相關的知識，即使頭腦銳利，跟知識豐富的人討論時，還是會處於下風的。在互聯網的時代，可謂資訊爆炸，但知識不同於資訊，要將資訊整理，加以理解，才能化為知識。將知識加以實踐，取其精華，提升到人生觀的層次，那就變成了智慧。

吸收資訊有很多方法，看電視、閱報、讀書、上網都可以，一般來說，書本的質素高於電視，電視是平庸的，高質素的內

容較少會在電視上出現。反而電影就很不同，電影是一種綜合藝術，是戲劇、視覺和音樂的混合體，使得電影成為一種容易吸收資訊和知識的媒體，當然電影也有好壞和雅俗之分，有時一部好電影會令你不斷思考問題。網上偶而也有一些質素高的節目，但水準參差不齊，而且有資訊氾濫和假消息的問題。個人認為，最有效獲取知識和促進思考的方法就是讀書和看電影。

但知識何其多，究竟要學習甚麼才有用呢？正如莊子所講「吾生有崖，而知無崖，以有崖求無崖，殆哉矣」，我認為思考和語言是最基本的，因為它們是學習其他知識的工具，其次就是屬於你行業的專業知識。認識知識的分類也很重要，因為知道了知識的不同性質，就好像有一張知識的地圖。當然，知識也有不同的分類方法，比如說，我們可以將知識分為「知道是甚麼」、「知道為甚麼」及「知道如何做」三類，例如「知道太陽由東面升起」是「知道是甚麼」，「知道太陽由東面升起是由於地球自東向西自旋轉」是「知道為甚麼」，「知道怎樣游水」是「知道如何做」。

在第三章「科學之法」我們討論了甚麼是科學，科學雖然十分重要，但科學知識並未窮盡知識的範疇，例如數學和邏輯就不是科學知識，卻是建構科學知識的必要工具。我們可以將知識大抵分為四類：一類是形式知識，那就是數學和邏輯，提供思考的法則；另一類是經驗知識，自然科學、社會學、心理學和歷史等，告知我們經驗世界的狀況；還有一類屬於反省性的知識，例如哲學；剩下的一類較為特別，彷彿是一個完全不同的層次，它是我們學習其他知識的必要工具，那就是語言，而學習一種外語，也等於多了一個認識世界的途徑。

四類知識

1. 形式知識：如邏輯
2. 經驗知識：如科學
3. 反省知識：如哲學
4. 語言

思考題：跟思考能力有密切關係的是哪些知識呢？

3.2 時間

對於時間，哲學上有着沒完沒了的爭論，不過，有兩個哲學家的觀點還是值得一提，一個是中世紀時的奧古斯丁（Aurelius Augustine），另一個是上世紀的德國哲學家海德格（Martin Heidegger）。奧古斯丁說：「時間是甚麼？沒有人問我，我知道；但當有人問我，我卻不知道。」奧古斯丁這番話給我的啟示是：「花時間來討論時間是甚麼是浪費時間的」。海德格十分認真看待「時間」，他指出人的有限性是表現在時間上，因為人是走向死亡的存在，他主張人要繼承過去，認清現在，向前瞻望。不過，很多人卻是悔恨過去，忽略現在，憂慮將來，看來重要的是如何避免這種負面思考。

正如前面所講，區分可以改變和不可以改變是重要的，過去是不可能改變，因為這是邏輯地不可能，所謂「回到過去」根本就是自相矛盾的，即使明知坐時光機回到過去是有邏輯矛盾，我們還是很喜歡看這類電影，其中一個原因恐怕就是後悔當年所作的決定，幻想回到過去改正「錯誤」，或許人生有太多的悔疚，「回到過去」看來是一種心靈的補償。

人生只有短短數十年，即使有人覺得時光飛逝，有人覺得度日如年，但每天大家都擁有相同的時間，就是一天只有 24 小時，如果人生有 80 歲的話，我們大概只可以活三萬日 ，人生的質素很大程度決定於我們怎樣運用時間。有人主張要抱「一日一生」的生活態度，即是將每一天當作是你在世的最後一天，這樣人就會變得積極起來，你還會在講人閒話嗎？一定趕緊做那些你認為重要的事。不要為過去懊悔，也不要為未來恐懼，我想這才是「活在當下」的真正意義；當然，也不是叫你完全不要理會過去和未來，抱着過一天算一天的消極心態，因為這樣的人生實難有進展。

我們從少就被教導要珍惜時間，努力學習，長大做個有用的人，正所謂「少壯不努力，老大徒傷悲」，這是出自《長歌行》，前面還有兩句，就是「百川東到海，何時復西歸」，大江東流，一去不返；前兩句講的是時光飛逝，後兩句講的是珍惜時間。的確，時間是寶貴的，不然我們就不會用金錢來形容時間，但「時間是金錢」這句話也可以了解為時間可以用來換取金錢，當然，並非説時間可以直接用來換取金錢，而是指如能善用時間來工作，就可賺取金錢；相反，金錢也可換取時間，例如乘的士雖然車資較高，卻可節省不少時間，所以也不妨説「金錢就是時間」。

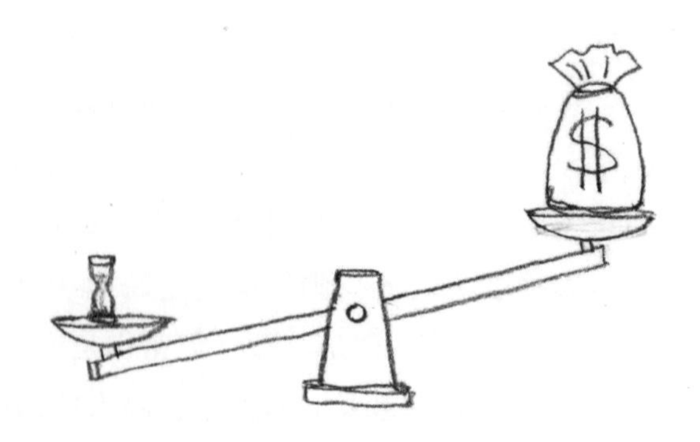

時間之所以寶貴就因為時間有限，思考需要時間，行動需要時間，所以要好好珍惜時間和管理時間。但善用時間並不表示每天都要忙於學習和工作，過度學習和工作也許是浪費時間，閒暇其實十分重要，玩樂也十分重要，越高等的動物就越會玩遊戲，小孩子最喜歡玩遊戲，人也只有在遊戲才能成會真正的自己。

3.3 工作

人生可以分為兩個階段，第一個階段是上學，學習社會需要的知識和技能，第二個階段是畢業之後出來社會工作，賺取生活所需。不過，工作的評核不像學校的評核，工作沒有考試，主要視乎對公司的貢獻，及上司和顧客的評價。的確，現實是殘酷的，當你進入社會工作，現實就會驗證你工作的能力；社會不同於學校，讀書亦有異於工作，讀書好跟工作能力並非等同，勤力也不過是工作能力的一部份。

為了生存而工作，的確是大部份人的寫照，但我們也可以為活得美好而工作，在工作中體會自身的成長，為社會作出貢獻，這樣自我的價值就會得到肯定，也能從工作中感受喜悅。職業的德文是 beruf，意思是神的呼喚，亦即是天職，找到自己的天職是重要的，因為這樣你就能發揮自己的長處，實現你的志向，天職也不一定是高薪厚職，而是真正適合自己的工作。當然，找到自己的天職並不容易，事實上，很多工作都是苦悶，甚至有點厭惡。

對我來說，理想的工作就是能實踐人的自主性和創造性，用馬克思的說法，那是沒有「異化」的人生，能從工作的創造性得到滿足感。從這個角度看，最理想的職業就是做藝術家，因為藝術正是高度自主性和創造性的產物，但藝術創作通常是沒有收入的，一般人是為生活而工作，而像梵谷這樣的藝術家，卻是為工作而生活。

三種異化

1. 從產品中異化
2. 從工作中異化 } 異化的人生
3. 從自己異化

如何提升工作的能力呢？首先，是前面講的體會工作意義，讓你成長和作出貢獻，如果確認是你的天職的話，那就要更加倍努力。其次，就是認知自己在公司的位置，所負的職責，認識所屬的部門，如何跟同事協調，及了解公司的經營理念。辨別工作的輕重和優先次序也很重要，現代社會的工作很繁忙，它需要你同時處理好幾件事，在這方面女性比較優勝，男性則擅長專注某件工作，所以專家多數是男性，據說這是因為男女腦部的構造不同。如果能同時具備這兩種能力，則做事的效率就會提高。此外，就是吸取相關的知識，除了自己的專業之外，閱讀歷史和偉人的傳記也不錯，因為可以吸收前人的成功經驗和失敗的教訓。還有的就是善用時間，提高工作的效率，意大利的經濟學家帕累托（Vilfredo Federico Damaso Pareto）發現了一個法則，稱為帕累托法則（Pareto Principle），或 80/20 法則；這個法則的原理是，在我們的工作中，只有 20% 是真正重要的，其餘 80% 都是次要的，所以關鍵就是做好這 20% 的工作。這個原理可以應用到其他方面，例如公司的客戶中，只有 20% 是佔了公司 80% 的營業額，所以我們的工作重點就是照顧好這 20% 的客戶。

現在已經進入了企劃力的時代，單是勤奮是不夠的，創意和想像力都十分重要；但在忙碌的工作中，卻難以培養創意和想像力。在經濟學上，有所謂「效用遞減」原理，意思是當某單位到達某個程度之後，其效用的增加就會遞減，例如連續工作了兩小時，最好就是休息一下，這樣才能持續有效地工作。

又例如放年假，可以讓你休養生息，積蓄能量。正如上一章所講，在休息的時候，人會處於放鬆的狀態，靈感也特別容易出現。

工作的煩惱

1. 擇業
2. 人際關係
3. 轉職

相信大部份人都會有工作上的煩惱，即使十分喜歡工作的人，也會碰到人際關係的問題，而事實上，我們有很多煩惱都是來自人際關係，主管和下屬通常會出現緊張的關係，原因是很多有能力的人未必適合做管理的工作，因為單人作戰與指揮作戰是不同的，作為主管，不但要有管理的能力，也要善用於人。

剛剛畢業的人，要面對的是求職的煩惱，在過去的社會，幾乎沒有擇業的問題，工作跟你的出身緊緊連在一起，例如在中世紀時代，大部份人都是農奴，被束縛在莊園上，能夠自由選擇職業的人很少。但現代社會很不同，何止七十二行，如何選擇是一個很頭痛的問題，當然，最理想的就是找那些跟自己志向相近的工作。

另一個工作的煩惱就是轉職，轉職需要冒險，尤其是當你已經有一份安定的工作，如果選擇錯誤怎麼辦呢？不過，現在的職場其實充滿着臨時工、短期合約之類的工作，工作很難像以前有所保證。梵谷就是不斷轉換工作才找到自己的天職，最初他是做藝術買賣的工作，也當過教師和牧師，最後才立志成為畫家。

3.4 金錢

對於金錢，有兩個常見的誤解，一個是「金錢萬能」，另一個是「金錢萬惡」。當然，金錢是重要的，我們的煩惱大概有七成跟金錢有關，換言之，有足夠的金錢，就可以消除這些煩惱，金錢萬能只是一種誇大的說話，因為還有三成的煩惱是金錢無法解決的。至於金錢萬惡的說法之所以流行，其中一個原因可能是滿足我們推卸責任的心理，因為錯的不是自己，而是金錢。傳統的哲學和宗教的確對金錢抱負面的看法，蘇格拉底就認為金錢會腐蝕我們的思想和靈魂，故主張簡樸的生活，他的學生安提斯泰尼（Antisthenes）繼承了這種思想，創立了犬儒學派（Cynicism），認為人應該從任何外在束縛（如名利和享樂）中解放出來，這樣靈魂才得以自由。過去的宗教也將追求金錢視為墮落，耶穌說：「有錢人若要進天國，比駱駝穿過針孔還要難。」你不可以同時敬拜上帝和瑪門。然而，在今天高度資本主義發達的社會，這種想法已行不通；因為那種幾乎可以自給自足的年代已經過去，沒有一個時代像現在，金錢變得那麼重要。

在人類過去的歷史，大部份人都是窮人，而有財有勢的貴族和官吏則欺壓着窮苦大眾，所以會出現類似羅賓漢劫富濟貧的正義故事。但到了近代，這種情況已經改變，資本主義制度造就了人憑着努力也有成功的機會，優秀的企業家紛紛出現，為社會帶來繁榮和發展，以為這些企業純粹以賺錢為目的想法似乎過於狹隘，那是卓越的經營，創業並持續發展，創造了就業的機會，養活了不少人。

人的內心都有着追求成長、發展和繁榮的意慾；但生存在這個物質世界，我們又不得不以金錢為富有的標準，其實金錢不過是達致人生富裕的手段，它只有工具價值，並沒有內在價值。金錢本身是中性的，沒有善惡之分，經濟繁榮並沒有甚麼不好，善於運用金錢還可以造福人類，想一想貧窮的地方，罪案和疾病也特別多。孔子說：「不義而富且貴，於我如浮雲。」財富取之有道就沒有問題，這就是儒家「見利思義」的智慧。富貴不一定不義，將追求財富等同於唯利是圖和不擇手段，可能是嫉妒之心在作怪。勤奮、認真工作，對社會作出貢獻，正當地累積財富，完全沒有問題。如果能將財富用在有益的地方，那就更加有價值，就以洛克菲勒和蓋茲為例，他們都捐出大部份的財富作慈善之用。

金錢的真相

1. 只有工具價值
2. 人生有七成的煩惱涉及金錢
3. 經濟獨立是成功人生的必要條件

思考題： 為甚麼說懂得用錢比懂得賺錢更重要呢？

結語

從方法的角度看，語理分析具有先行位置，正所謂「意義先於真假，釐清先於解答」。

從道理的角度看，批判思考比創意思考和積極思考更加基本，那就是辨別是非對錯。

從人生的角度看，積極思考才是基礎，為人生提供動力，批判和創造就像是人生戰士的盾和矛。

人生者，所為何？善批判，全其理；謀創新，求發展。

——《思經》

梁光耀

2019 年 12 月書於香港